noodles

Alles, was Nudeln gerne mit sich machen lassen

Sebastian Dickhaut

chipie

Noodles? Wieso denn das?

Natürlich könnte dieses Buch auch „Nudeln“ heißen. Nur wenn wir das hören, denken wir erst einmal Nudelauflauf. Und Nudelsalat. Und Nudelsuppe. Was alles völlig in Ordnung ist. Leibspeisen sind das sogar und damit ein echter Fall für die Mini Basics. Nur für ein ganzes neues Bändchen reicht's noch nicht recht.

Ja dann – „Pasta“? Großartiges Zeug, wirklich. Und so vielseitig. Mit Tomaten, hmmm, alleine das ist Stoff für einen Sack voll Seiten hier drin. Könnten wir eigentlich immer essen. Nur wollen wir es nicht immer wieder essen. Weil es da noch ein paar andere göttliche Sachen auf diesem Planeten gibt. In Frankreich zum Beispiel: „nouilles“ heißen die Nudeln da. Ist immerhin Weltküchensprache! Und da gibt's doch noch dieses berühmte französische Nudelgericht... also... äh, na ja... nun ja. Ist wohl doch nichts mit den nouilles.

Aber wo essen sie denn noch Nudeln? Ja klar, in Asien. Aus dem Wok und aus der Suppenschale, mit Soja und mit Sesam, frittiert oder geschlürft. Herrlich. Nur wie heißt's da? Hokkien, Ramen, Soba, E-fu, Naeng myun. Interessant. Aber als Buchtitel doch ein bisschen verwirrend.

Und jetzt? Machen wir's uns schön. Hören Engelshaar, Farfalle, Khitaraki, Nockerl, Ramen, Tarhonya und denken an Pasticcia funghi, Spaghetti-Muffins, Sosesato-Nudeln, Papardouille, Wokky Goreng, Tante Ilses Grenadiermarsch. Und wir machen es uns einfach bequem. Auf englisch. Be basic. Say: Noodles. Ok?

Inhalt

Teil I: Die Theorie

Teil II:
Die Rezepte

La Noodle und ich

So klappt's mit der Nudel in Topf und Teller

Kenne deine Nudel!

Wahre Liebe fragt nicht nach der Vergangenheit. Deswegen sparen wir Liebhaber der Nudel uns die Diskussion über ihre Herkunft („Italien? China? Arabien? Ravioli-Dose?") und überhören voller Gier und Leidenschaft das Gerede von ihren inneren Werten („bringt Glück, Gesundheit und Goldmedaillen"). Uns reicht der Genuss. Fast. Denn wir möchten schon ein bisschen wissen, was in unserem Darling steckt. Schließlich soll es eine Liebe fürs Leben sein. Also:

Mehl und Wasser waren die Basics für die Ur-Noodles und sind bis heute die Zutaten für die beliebtesten Nudeln der Welt. Um Spaghetti mit Biss oder Geformtes wie Makkaroni zu bekommen, verknetet man in Italien nichts als Wasser und Hartweizen, der zu feinem, aber nicht mehlfeinem Grieß gemahlen ist. In Asien, wo Nudeln sich eher im Wok vollsaugen oder aus der Suppenschüssel glitschen sollen, geht man beim Mehl ein wenig weiter. Es kann aus dem geschliffenen oder vollen Korn von hartem oder weichem Weizen gemahlen sein sowie aus Buchweizen oder aus Reis. Und oft ist es gar kein Mehl, sondern die Stärke von Mungobohnen, (Süß-)Kartoffeln oder Pfeilwurz bzw. Tapioka, was mit Wasser verknetet wird. Und manchmal kommt noch Öl dazu.
Mehl und Ei verkneten sie vom italienischen Norden bis hoch nach Mitteleuropa und darüber hinaus. Warum? Weil dort der Weizen weicher ist und damit zu wenig Eiweiß besitzt, um der Nudel den richtigen Biss zu geben. Diesem Baufehler verdanken wir die badischen Eiernudeln, die schwäbischen Spätzle und die österreichischen Nockerl, aber auch einige der besten Noodles zum Wokken. Und Maultaschen oder Ravioli werden ebenfalls nur mit robustem Eiernudelteig richtig gut.

Trocken und feucht heißt die Formel, nach der ein Nudelteig aus Mehl und Wasser oder Ei entsteht. Je nach Machart neigt die fertige Nudel eher dem haltbaren Trockenen oder dem frischen Feuchten zu. In Italien ist die Unterscheidung klar: **Pasta secca** heißen alle Trockennudeln in Tüten, sie werden immer aus Hartweizen und Wasser gemacht und halten verschlossen 1 Jahr lang ohne Probleme. **Pasta fresca**, frische Nudeln, sind immer aus Eierteig. Unbehandelt halten sie 1–2 Tage, vakuumiert und wärmebehandelt zwischen ein paar Wochen und mehreren Monaten. In der übrigen Welt werden auch Eiernudeln getrocknet (etwa in Deutschland) oder Wassernudeln frisch verkauft (asiatische Reisnudeln).

Kochen mit Nudel

Eigentlich ist die Nudel in der Küche für jeden Spaß zu haben, wenn man weiß, wie man sie nehmen muss. Dabei gibt's im Grunde zwei Stilarten: „Presto“, das heftige Kochen, und „Piano“, das sanfte Quellen. Plus einer Zwischenstufe. Und so geht's:

Presto: Nach dieser Methode werden fast alle Nudeln des Westens von Pasta bis Nockerl gekocht, aber auch chinesische Eier- und Weizennudeln. 1 l Wasser je 100 g Nudeln in einem großen Topf aufkochen. Nudeln rein, je 1/2 TL Salz pro 100 g Nudeln dazu (dann kocht's schneller wieder) und rühren. Die Nudeln unter Rühren bissfest garen (siehe Kasten nebenan). Ins Sieb schütten und am besten gleich ohne Abschrecken mit dem Rest – ob Sauce, Suppe oder Wokgerührtes – zusammenbringen. Dann haben die Nudeln keine Zeit zum Verkleben.

Piano: Dabei werden Nudeln nur mit kochendem Wasser aufgebrüht und sind nach ein paar Minuten gar und bereit zum Abgießen. Dann werden sie entweder schnell mit kaltem Wasser abgekühlt oder gleich heiß weiterverwendet. Wenn jetzt jemand „Tee“ ruft, liegt er nicht so falsch, denn diese Methode wird vor allem für Asiatisches wie Glasnudeln, frische oder sehr feine Reisnudeln (die werden teilweise auch gekocht) oder frische Hokkien-Nudeln genutzt. Manchmal lässt man sie auch nur in kaltem Wasser quellen, dann aber 15–30 Minuten.

Presto-piano: Hier wird zwar gekocht, aber sobald das Kochwasser nach der Nudelzugabe wieder anfängt zu blubbern, kommt ein ordentlicher Schuss kaltes Wasser in den Topf. Kaum kocht es wieder, wird wieder abgeschreckt. Das geht so weiter, bis die Nudeln bissig bis glitschig sind, was spätestens nach vier- bis fünfmal presto-piano der Fall ist. Dann kommt alles kurz in kaltes Wasser. Diese Methode ist vor allem bei Japans Nudeln üblich.

Beiss die Nudel

Der gute Nudelkocher ehrt den Nudelmacher und freut den Nudelesser. Und alle haben sie was gegen Verweichlichung, wenn's nicht gerade die Schlürfnudel für die Suppe sein soll. Der Rest will gebissen werden, „für den Zahn“ sein – „al dente“. Bei der Eiernudel heißt das elastisch im Biss, bei den Hartweizenen kernig. Bei frischen Nudeln sind Elastizität oder Kernigkeit schneller erreicht als bei den trockenen. Die Packung gibt dazu hilfreiche Hinweise – aber zum Schluss hilft nur Eigeninitiative: Nudel im letzten Kochviertel rausfischen und anbeißen. Innen noch grob kernig? Zurück und nach 1 Minute nochmal zubeißen. Immer noch zu grob? Dann in immer kürzeren Abständen zubeißen, bis man denkt „fast fertig“. Nun raus damit, weil bis sie im Teller ist, ist sie ganz fertig.

10 gute Freunde

Nudeln, die wir bereits gerne kennen

Lasagne
Der Nudelteig zu Rechtecken geschnitten – „lasagna“, die Ur-Nudel Norditaliens. Gibt’s mit und ohne Ei, manchmal in Spinatgrün und meistens vorgegart (steht auf der Packung). In grobe oder auch kleinere Stücke gebrochen gut für Nudelgerichte im rustikalen Landhausstil, z. B. Pasta Stracci, Seite 66. Mehr auf Seite 74.

Breite Bandnudeln
Die gibt’s von gut 1/2 bis 1 cm Breite in Mitteleuropa als Eiernudeln zu Braten und Ragout. In Norditalien sind’s Tagliatelle (mit Spielarten von Tagliatellini bis Taglioni), Fettuccine heißen sie mehr südlich. Dann sind da noch die extra breiten Papardelle. Gibt’s dort je nach Landstrich mit oder ohne Ei, frisch oder getrocknet. Gut in rustikaleren Gerichten wie Papardouille, Seite 34. Mehr auf Seite 24, 32, 38, 66, 74, 84.

Schmale Bandnudeln
(Foto links)
Sie sind wie fast alle Italiener aus Hartweizen und liegen millimeterbreit zwischen Spaghetti und Tagliatelle/Fettuccine. Diese Linguine, Trenette oder Bavette sind sehr fein in intensiven, aber nicht zu deftigen Gerichten wie Linguine di Limone, Seite 14. Mehr auf Seite 28, 72.

Farfalle (Foto links)
Drücke kleine, gezackte Rechtecke aus Hartweizenteig in der Mitte zusammen und du hast Farfalle, gerne auch Schmetterlingsnudeln genannt. Die mögen reichlich dicke Sauce mit Stücken, sind aber auch in Salaten hübsch – vor allem als Mehrfarbige (wurden z. B. mit Spinat oder Tomatenmark eingefärbt). Rezepte Seite 24, 32.

Spiralnudeln (Foto links)
Das sind die klassischen deutschen Nudelsalatnudeln, weswegen man sie in Italien auch lange suchen muss. Es gibt sie mit und ohne Ei in Groß und Klein, manchmal auch noch in Rot (Tomate) und Grün (Spinat). Auch gut für Aufläufe und alles mit viel Sauce. Rezepte Seite 48, 86.

Makkaroni
Einst der Titel für alle Pasta secca, später zumindest für die langen schmalen, steht der Name heute weltweit für Italiens dünnere Röhrennudeln – von spaghettilang bis löffelkurz. In Amerika gelten sie als Inbegriff für Pasta „Made for USA". Prima in Gerichten mit viel Sauce und auch in Salaten. Und in Aufläufen wie Maccaroni Cheese, Seite 18. Mehr auf Seite 46, 56, 68, 76.

Penne, Ziti (Foto unten)
Diese bis zu 1 cm breiten Röhrennudeln sind schräg in Gabellänge geschnitten. Es gibt sie glatt, meistens aber gerillt, um mehr Sauce fassen zu können. Ziti sind ähnlich, nur gerade geschnitten. Gut für alles mit viel Sauce, Aufläufe, Salate und Pfannenessen wie Schinkennudeln, Seite 72. Mehr auf Seite 18, 48, 54.

Suppennudeln (Foto oben)
Da gibt es einmal die ganz feinen langen Fäden, zu deutsch Fadennudeln, italienisch Vermicelli, Capellini oder ganz fein Capelli d'angelo – Engelshaar, auf englisch Angel hair. Die andere Sorte: winzige Nudeln in Buchstaben-, Sternchen- oder Blümchenform, auch als Ringe oder Plättchen zu haben. Pastina auf italienisch. Auch fein für Salate, siehe Seite 50 und 66. Mehr auf Seite 60.

Fusilli (Foto links)
Wenn man kleinfingerlange Hartweizen-Bandnudeln an den Enden gegeneinander verdreht, werden Fusilli draus. Die nehmen gerne viel Tomaten- und Gemüsesauce mit, sind aber auch prima in Salaten und Aufläufen. Wickelt man dicke Spaghetti um eine Stricknadel, werden Fusilli bucatini oder Gabelspaghetti draus. Rezepte Seite 20, 54.

Spaghetti
„Lang & dünn" ist die beliebteste Nudelform der Welt, und italienische Hartweizen-Spaghetti sind deren bekannteste Vertreter. Dünner heißen sie Spaghettini, dicker Spaghettoni. Ihr größtes Plus: Sie können mit allem – mit erfrischendem Pesto und deftigem Fleischragout, mit Sahne satt und mit Muscheln im Sud. Rezepte auf Seite 16, 20, 28, 38, 44, 60, 78.

10 liebe Gäste

Nudeln, die wir gerne näher kennenlernen wollen

Chinesische Eiernudeln (Foto links)
Innerlich durch Weizen und Ei den deutschen Nudeln ähnlich, äußerlich in den italienischen Größen Spaghetti bis Linguine zu haben. Leicht schlüpfrig. Gibt's frisch oder getrocknet. Sind je nach Art in 2–5 Minuten gar. Klasse fürs Wokken mit viel dazu wie bei Wokky Goreng, Seite 36. Mehr Seite 14, 84.

Reisnudeln (Foto rechts)
Nudeln aus Reismehl sind Standard in Südostasien. Gibt's fadendünn, spaghettirund, linguinebreit oder lasagnegroß getrocknet und frisch zum Selbstschneiden. Frische ziehen kurz in brühheißem Wasser. Getrocknete werden je nach Art 2–10 Minuten gekocht. Immer wird kalt abgeschreckt. Gut mit Seafood und Gemüse in Wok-Gerichten, Salaten oder in Eintöpfen wie Seafood Laksa, Seite 64. Mehr auf Seite 28, 42.

Glasnudeln (Foto rechts)
Diese gebündelten feinen Fäden sind glasig durch die Stärke der Mungobohne, manchmal auch durch die von Kartoffel oder Süßkartoffel. Man lässt sie piano in brühheißem Wasser quellen und stutzt sie dann mit der Schere, bevor sie in Suppen und saucige Gerichte kommen, aber auch in Salate wie den Beef Noodle Salad auf Seite 88.

Hausnudeln
Früher war das Nudelmachen zu Hause so normal, wie es heute das Nudelkochen ist. Nach den meisten Hausrezepten entstehen dabei Eiernudeln, manchmal kommen aber auch Kartoffeln, Grieß oder Polenta mit in den Teig. Wie's grundsätzlich geht und ein paar andere Dinge: Seite 90. Mehr auf Seite 22, 80, 82.

Chinesische Weizennudeln (Foto links)

Sind aus Weizen und Wasser, auch die eiergelb gefärbten Hokkien. Weicher als Pasta, meist lang und dünn. Hokkien sind oft vorgegart und quellen nur piano. Der Rest wird nach kurzem Kochen oft abgeschreckt, bevor er mit viel Sauce vollendet wird wie Tuna Noodles, Seite 54. Mehr auf Seite 72.

Japanische Weizennudeln (Foto rechts)

Sie sind populärer als die chinesischen Verwandten, so z. B. Ramen, Japans Suppennudeln. Die deftig-dicken Udon werden presto gekocht und die elegant-schlanken Somen (aus Hartweizen mit Öl und Sesam) presto-piano. Ebenso die dünne Soba aus Weizen und Buchweizen. Rezepte Seite 14, 84.

Spätzle

Schwabens Beitrag zur World of Noodles ist zwar eigentlich ein guter Freund, aber selbst gemacht doch eher der liebe Gast. Wer Mehl mit ganz viel Ei zu einem zähflüssigen Teig verknetet und den vom Brett ins kochende Wasser schabt oder mit der Presse reindrückt, kriegt Spätzle oder Spatzen. Und wird der Teig durch Groblöchriges gestrichen, gibt's Nockerl wie in Österreich. Rezepte auf Seite 40, 42, 78.

Kitharaki, Risoni

(Foto unten)

Die einen sind griechisch, die anderen italienisch, und beide sehen aus wie Reiskörner. Ihre Dicke lässt die Hartweizennudeln beim Kochen außen etwas weich werden, bevor sie innen al dente sind. Machen sich gut in Suppen und suppigen Nudelgerichten, die dann fast etwas von Risotto haben. Wie der Nudelsuppenfisch auf Seite 60.

Fleckerl

Österreichs Beitrag zur World of Noodles ist Eiernudelteig, der in Quadratchen geschnitten oder in Stückchen gerupft wird. Gibt's fertig jenseits der Alpen, sonst können Fleckerl aus Lasagne oder breiten Eierbandnudeln gebastelt werden. Gut in Suppen, Eintöpfen und Pfannensachen wie Tante Ilses Grenadiermarsch, Seite 74. Mehr auf Seite 32.

Gefüllte Nudeln

Einst nahm man sie, um Essensreste im Teig versteckt nochmal auf den Tisch zu bringen, derweil sind sie Delikatesse: Kasnudeln, Maultaschen und Schlutzkrapfen, Ravioli, Tortellini und Cappeletti (Pfarrershütchen), Wan Tan, Dim Sum und Jiaozi aus gekochtem Vollkornteig, Rezept Seite 58. Mehr auf Seite 26, 62.

Einfach klar

Manchmal ist einfach klar: Nichts ist besser als Nudeln mit – Nudeln. Gut, gut, ein bisschen Öl oder Butter, Knoblauch und Kräuter, Parmesan oder Cheddar dürfen ruhig sein. Weil das Kraft gibt. Aber Tomate, Forelle, Rinderfilet sind schon zuviel.

Weil es ziemlich schnell toll schmecken soll. Weil die nackte Klarheit dann das Beste ist. Weil nackt auf italienisch „nudo" und auf englisch „nude" heißt. Welcome to the Nude-Noodle-World.

Lime Noodles

FÜR VIER: 2 Limetten so schälen, dass auch die weiße Haut mit entfernt wird. Limettenfilets zwischen den Trennhäuten herausschneiden, Reste aufheben. 6 Zweige Thymian und 4 Zweige Minze abbrausen und trockenschütteln. Thymian- und Minzeblättchen von den Zweigen abstreifen, Minzeblättchen hacken. 2 Chilischoten entstielen, entkernen, waschen und fein hacken. 1 Knoblauchzehe schälen, fein hacken.

300 g chinesische Eiernudeln (aus dem Asienladen) wie auf der Packung angegeben garen und gut abtropfen lassen. Derweil Knoblauch mit Thymian und Chili in 4 EL Öl (was gerade da ist, aber nicht zu geschmacksintensiv) glasig braten – im Wok oder auch nicht. Nudeln, Limettenfilets und Minze darin unter Rühren anbraten. Saft aus Limettenresten reindrücken, auf Nudelschalen verteilen, servieren.

Sosesato-Nudeln

FÜR VIER: 350 g Tofu in Würfel schneiden, mit 2 EL Sojasauce vermengen und 30 Minuten ziehen lassen. Backofen auf 220 °C vorheizen. Tofu auf ein Blech mit Backpapier geben, im Ofen (Mitte!) 10 Minuten rösten.

2 Frühlingszwiebeln waschen, putzen und in Ringe schneiden. 1 walnussgroßes Stück frischen Ingwer sowie 2 cm frischen Meerrettich schälen, fein reiben. Mit 2 EL Sojasauce, 3 EL Reisessig (aus dem Asienladen), 2 EL Sesamöl und 1/2 TL Zucker verrühren.

300 g japanische Soba-Nudeln (aus dem Asienladen) nach Packungsaufschrift in Salzwasser garen, abgießen, abschrecken. 2 EL hellen Sesamsamen in einer trockenen Pfanne anrösten. Nudeln und Sojamarinade darin unter Wenden erwärmen, zum Schluss Tofu zugeben. In Schalen füllen, servieren.

Linguine di Limone

FÜR VIER: 1 Bund glatte Petersilie abbrausen, trockenschütteln und die Blättchen hacken. 1 kleine weiße Zwiebel schälen und fein hacken, 150 g Parmesan reiben. 1–2 unbehandelte Zitronen waschen und die Schale dünn abreiben, Saft auspressen.

Alle vorbereiteten Zutaten mit 100 g weicher Butter und 4 EL gemahlenen Mandeln glatt rühren und kräftig mit Salz und Pfeffer aus der Mühle würzen.

500 g Linguine nach Packungsaufschrift in reichlich Salzwasser al dente kochen, abgießen und in einer Schüssel mitsamt einem Schöpfer Nudelwasser mit der weichen Zitronenbutter vermengen. In Pastateller oder normale tiefe Teller geben und servieren.

Mit Säure und Soja

gute **30** Minuten

Spaghetti Bianco

Ganz klar göttlich

FÜR VIER:
4 Scheiben italienisches Weißbrot
5 Knoblauchzehen
1/8 l Olivenöl
500 g Spaghetti
Salz
60 g weiche Butter
100 g geriebener Parmesan
weißer Pfeffer aus der Mühle

Zeit: 25 Minuten
Kalorien pro Portion: 900 kcal

1 Vom Weißbrot die Rinde entfernen und das Brot grob zerrupfen. Knoblauch schälen. 4 Zehen werden fein gehackt, 1 Zehe wird mit der Hälfte vom Öl in der Pfanne heiß gemacht. Brutzelt es, kommt das Brot rein und wird geröstet, bis es etwas Farbe hat und knusprig ist. Und raus damit. Und weg mit dem Fett. Und der Zehe.

2 Die Spaghetti in reichlich Salzwasser nach Packungsaufschrift al dente kochen. Derweil das übrige Öl jetzt mit dem gehackten Knoblauch in der Pfanne sanft heiß werden und 2–3 Minuten dünsten lassen. Der Knoblauch darf dabei aber nicht braun werden. Dann vom Herd damit, die Butter rein und schmelzen lassen.

3 Die Spaghetti abgießen, aber vorher eine Espressotasse Nudelwasser rausschöpfen. Heiße Spaghetti gleich mit dem Knoblauchfett und dem Nudelwasser in einer großen Schüssel gut vermischen. Und gleich den Parmesan dazu und weitermischen, bis die Nudeln von einer cremig-glänzenden Schicht überzogen sind. Nun mit Salz und Pfeffer würzen, dann noch das Brot drunter mengen und servieren. Aber bevor gegessen wird, alle noch mal kräftig durch die Nase einatmen lassen. Mamma mia!

AUCH NICHT SCHLECHT: An alle, die bisher keine Nudeln mit weißen Trüffeln haben durften – Spaghetti Bianco sind verdammt nah dran. Nur nicht so teuer. Wem das auch schon egal ist, Röstbrot ruhig durch ein paar dünne Trüffelscheibchen ersetzen. Schadet nix.

Maccaroni Cheese

Pasta „Made in USA"

FÜR VIER:
1 Knoblauchzehe
1 Zwiebel
2 TL getrockneter Oregano
50 g Butter
50 g Mehl
600 ml Milch
300 g Reibekäse (klasse wäre Cheddar, Gouda geht auch)
100 g geriebener Parmesan
200 g Sahne
Salz
frisch geriebene Muskatnuss
weißer Pfeffer aus der Mühle
1 Hand voll Kirschtomaten
500 g kurze Makkaroni (oder längere in gabelgroße Stücke brechen oder glatte Penne nehmen)
100 g Semmelbrösel

Zeit: 30 Minuten + 35–45 Minuten Backen
Kalorien pro Portion: 1250 kcal

1 Knoblauch und Zwiebel schälen und fein würfeln. Mit dem Oregano in der zerlassenen Butter 5 Minuten sanft dünsten. Jetzt das Mehl reinrühren und ein bisschen anschwitzen lassen – „blondieren", wie der Genießer sagt.

2 Die Milch unter Schneebesenrühren dazugießen und aufkochen lassen, dann die Sauce 10 Minuten kochen lassen. Käse mischen und zwei Drittel davon in der Sauce schmelzen lassen. Sahne dazugießen und das Ganze mit Salz, Muskat und Pfeffer abschmecken. Kirschtomaten waschen, entstielen und vierteln.

3 Zwischendrin den Backofen auf 180 °C vorheizen und die Nudeln in reichlich Salzwasser nach Packungsaufschrift bissfest kochen.

4 Nudeln abgießen und mit der warmen Sauce vermengen. Das alles in eine große hitzebeständige Form füllen. Die Tomatenviertel hineindrücken. Restlichen Käse mit Bröseln vermischen und darüber streuen. Maccaroni Cheese im Ofen (Mitte!) etwa 35–45 Minuten backen, bis sie schön gebräunt sind.

Fusilli Pesto Rosso
Geht schneller als Ferrari-Fahren

FÜR VIER: 200 g getrocknete Tomaten in Öl • 1 großes Bund glatte Petersilie • 2 Knoblauchzehen • 50 g Pinienkerne • 100 g geriebener Pecorino (Parmesan geht auch) • 80 ml Olivenöl • schwarzer Pfeffer aus der Mühle • 1 Mini-Prise Zucker • 500 g Fusilli bucatini (sehen aus wie spaghettilange Korkenzieher, heißen auch schon mal Gabelspaghetti und können durch dickere Spaghetti ersetzt werden) • Salz

Zeit: 25 Minuten • Kalorien pro Portion: 765 kcal

1 Die Tomaten abtropfen lassen und fein hacken. Petersilie abbrausen, trockenschütteln und die Blätter auch fein hacken. Den Knoblauch schälen und durch die Presse drücken. Die Pinienkerne sehr fein hacken. Also eigentlich alles fein machen. Aber nicht fein pürieren, weil es besser ist, wenn die Zutaten noch ein bisschen für sich schmecken. Alles Vorbereitete mit Pecorino und Öl verrühren und das Pesto Rosso mit ordentlich Pfeffer sowie dem Zucker abschmecken.

2 Die Fusilli in reichlich Salzwasser nach Packungsaufschrift al dente kochen. Abgießen, dabei einen Schluck Nudelwasser auffangen und in eine vorgewärmte Schüssel geben. Die Nudeln dazu und das Pesto Rosso darüber verteilen und mit zwei Gabeln untermischen. Mit Extra-Käse auf den Tisch damit.

Spaghetti Papagallo
Machen Eindruck mit fast nix

FÜR VIER: 1 Avocado • 1/2 Orange • 1 großes Bund Schnittlauch • 5 EL Olivenöl • 500 g Spaghetti • Salz • 100 g Forellen- oder Lachskaviar • schwarzer Pfeffer aus der Mühle

Zeit: 15 Minuten • Kalorien pro Portion: 735 kcal

1 Die Avocado am Stein entlang einschneiden, die Hälften gegeneinander drehen, Stein entfernen. Avocado schälen und in Würfel schneiden, die Orange darüber auspressen. Schnittlauch abbrausen, trockenschütteln, in Röllchen schneiden und mit dem Öl verrühren.

2 Die Spaghetti in reichlich Salzwasser nach Packungsaufschrift gut al dente kochen. Abgießen, dabei einen Schluck Nudelwasser auffangen und in eine vorgewärmte Schüssel geben. Die Nudeln dazu und das Schnittlauchöl auch, alles vermengen.

3 Die Avocado samt O-Saft und den Kaviar darüber verteilen, großzügig mit Pfeffer übermahlen und nochmals die Spaghetti behutsam durchmengen. Gleich servieren.

mal edel,

mal rasant

Kartoffelnudeln mit Pilz-Rucola-Butter

Ehrlicher gesagt: Nudeln mit Kartoffeln drin

FÜR VIER:
2 Kartoffeln (möglichst mehlig kochend, zusammen etwa 100 g schwer)
Salz
400 g Mehl + ein bisschen zum Ausrollen
250 g Pilze (Steinpilze, wenn es einem richtig gut gehen soll, sonst Champignons oder Austernpilze)
1 Bund Schnittlauch
1 Hand voll Rucola
50 g Butter
Pfeffer aus der Mühle
2–3 Spritzer Zitronensaft (darf aber auch etwas mehr sein)

Zeit: 1 1/4 Stunden + 30 Minuten Ruhen
Kalorien pro Portion: 480 kcal

1 Die Kartoffeln waschen und in der Schale in Salzwasser in rund 20 Minuten bissfest kochen. Abgießen, kurz im Topf ausdampfen lassen und dann pellen. Die noch heißen Kartoffeln durch ein grobes Sieb oder eine Kartoffelpresse drücken oder fein stampfen. Das mit Mehl, 1/2 TL Salz und 200 ml kaltem Wasser zum glatten Nudelteig verkneten. Den in Folie wickeln und 30 Minuten in der Küche ruhen lassen.

2 Den Teig halbieren, eine Hälfte wieder in Folie wickeln. Die andere auf der Arbeitsfläche mit ein bisschen Mehl knapp 5 mm dick ausrollen und in 1 cm breite, lange Nudeln schneiden. Diese leicht in noch ein bisschen Mehl wenden und 15–30 Minuten antrocknen lassen.

3 Derweil die Pilze putzen, dabei möglichst nur mit einem Tuch trocken abreiben, und in 1 cm breite Streifen schneiden. Den Schnittlauch abbrausen und trockenschütteln und in Stäbchen schneiden. Den Rucola waschen, trockenschleudern und die groben Stiele entfernen, Rest zerrupfen.

4 Die Nudeln in reichlich Salzwasser in 4–5 Minuten bissfest kochen. Die Butter derweil in einer großen Pfanne aufschäumen lassen. Die Pilze darin 1 Minute bei ordentlicher Hitze unter Rühren braten, dann den Rucola einmal durchsausen lassen.

5 Nudeln abgießen, gut abtropfen lassen und mit dem Schnittlauch in der Pilz-Rucola-Butter schwenken. Pfeffer und Zitronensaft dran und gleich auf den Tisch.

Fettuccine mit Zucchini
Sag: „Fettutschine mit Zukkini“

FÜR VIER: 1 Zwiebel • 3 Knoblauchzehen • 1 Chilischote • 500 g Zucchini • 500 g Fettuccini • Salz • 100 ml Olivenöl • 1 kleine Zitrone • Pfeffer aus der Mühle • Parmesan zum Bestreuen

Zeit: 20 Minuten • Kalorien pro Portion: 650 kcal

1 Zwiebel und Knoblauch schälen und fein würfeln. Chilischote entstielen, entkernen, waschen und den roten Rest in Streifen schneiden. Die Zucchini waschen, putzen und auf der gröbsten Reibe raspeln.

2 Die Fettuccini in reichlich Salzwasser wie auf der Packung angegeben al dente kochen. Inzwischen im Olivenöl in einer großen Pfanne Zwiebeln, Knoblauch und Chili 3 Minuten sanft braten lassen. Die Hitze höher stellen und die Zucchini darin 5 Minuten garen, dabei ab und zu rühren. Die Zitrone darüber auspressen und alles mit Salz und Pfeffer kräftig würzen.

3 Nudeln abgießen und in eine vorgewärmte Schüssel geben. Die Zucchini darüber schöpfen, dabei großzügig vom Olivenöl mitnehmen. Alles mischen, den Parmesan darüber streuen, servieren.

Farfalle mit Oliven-Butter-Sahne
Aber ohne Olivenöl!

FÜR VIER: 1 Dutzend grüne Oliven • 1 Dutzend schwarze Oliven • 1 kleines Bund Basilikum • 50 g Mailänder Salami in dünnen Scheiben • 1 Zwiebel • 50 g Butter • 200 g Sahne • 50 g geriebener Parmesan • 1 TL mittelscharfer Senf • 500 g Farfalle • Salz

Zeit: 30 Minuten • Kalorien pro Portion: 805 kcal

1 Das Olivenfleisch von den Steinen so herunterschneiden, dass es noch zu erkennen ist. Oder schon entkernte Oliven etwas hacken. Basilikumblätter von den Zweigen zupfen und grob hacken. Salami in Streifen schneiden. Die Zwiebel schälen und in kleine Würfel schneiden.

2 Die Zwiebel in der Hälfte der Butter bei geringer Hitze in 5 Minuten glasig dünsten. Sahne, Parmesan und Senf dazugeben und unter Rühren aufkochen. Die Sauce vom Herd ziehen und die übrige Butter und die Oliven reinrühren. Stehen lassen.

3 Die Farfalle nach Packungsaufschrift in reichlich Salzwasser al dente kochen und abgießen, dabei einen Schluck Nudelwasser auffangen. Die Nudeln in einer vorgewärmten Schüssel samt dem Kochwasserschluck mit Oliven-Butter-Sahne, Basilikum und Salami vermengen und gleich servieren.

Olive sucht Butter,

Zucchini wollen Öl

Kärntner Kasnudeln

Und sag nicht immer Ravioli zu mir!

FÜR VIER:
200 g vorwiegend fest kochende Kartoffeln
Salz
viele, viele Kräuter (original je 1 Hand voll Kerbel und Minze, dazu geht je 1 kleines Bund Petersilie und Schnittlauch)
120 g Butter
300 g Mehl + ein bisschen zum Ausrollen
70 g möglichst feiner Hartweizengrieß
1 Ei
4 Eigelbe
2 EL Öl (was gerade da ist, aber keinesfalls eins mit zuviel Eigenschmack)
2 EL Mineralwasser
250 g Magerquark (das ist der „Kas“)
100 g Sauerrahm
Pfeffer aus der Mühle
1 Eiweiß

Zeit: 1 1/4 Stunden + 15 Minuten Trocknen
Kalorien pro Portion: 780 kcal

1 Kartoffeln in der Schale in Salzwasser in gut 20 Minuten bissfest kochen, kurz im Topf ausdampfen lassen und pellen. Dann aber gleich durch eine Kartoffelpresse drücken und auskühlen lassen. Derweil Kräuter abbrausen und trockenschütteln. Die Blätter von den Zweigen zupfen und fein hacken, den Schnittlauch in kleine Röllchen schneiden. 50 g Butter aufschäumen lassen, runter vom Herd und Kräuter hinein. Abkühlen lassen.

2 Jetzt Mehl, Grieß, Ei, 3 Eigelbe, Öl, Wasser und 1/4 TL Salz miteinander zu einem glatten Teig verkneten, in Folie wickeln und 30 Minuten in der Küche liegen lassen. Derweil den Quark in einem Sieb ablaufen lassen und mit Kartoffeln und Kräuterbutter (beides nun kühl), Sauerrahm und übrigem Eigelb verrühren, salzen und pfeffern.

3 Und wieder zum Teig: Den in 12 Stücke teilen, ein bisschen Mehl auf den Tisch und die Stücke zu handgroßen dünnen runden Fladen ausrollen. Die am Rand mit Eiweiß bestreichen. Nun alles zusammen: Von der Füllung immer eine ordentliche Portion auf eine Fladenhälfte setzen, freie Fladenhälfte darüber klappen und andrücken. Die Ränder zackenartig falten, damit sie dicht bleiben – scho hamma Kasnudeln! 15 Minuten antrocknen lassen.

4 Die Kasnudeln in reichlich Salzwasser in 8–10 Minuten bissfest kochen. Restliche Butter in einem kleinen Topf hellbraun werden lassen. Die Nudeln abtropfen lassen, je 3 in einen Teller setzen und mit gebräunter Butter übergießen (für die Optik kann da auch ein bisschen Schnittlauch rein).

Insalata Carbonara
Den macht die Köhlerin im Sommer

FÜR VIER: 1 Bund Frühlingszwiebeln • 150 g Räucherspeck in Scheiben • 1 EL Öl (was gerade da ist) • 200 g Sahne • 100 g geriebener Parmesan • 2 Eier • 5 EL Aceto balsamico • Salz • Pfeffer aus der Mühle • 500 g Spaghettoni (also die dickeren Spaghetti, sonst gehen auch schmale Bandnudeln wie Linguine oder Trenette)

Zeit: 30 Minuten + 1 Stunde Ruhen • Kalorien pro Portion: 980 kcal

1 Zwiebeln waschen und alles wegschneiden, was schlapp oder dunkelgrün oder ein Wurzelbüschel ist. Den Rest in 1 cm dicke Scheiben schneiden. Speckscheiben quer in doppelt so breite Streifen schneiden und im Topf im Öl knusprig braten. Zum Schluss Zwiebeln kurz mitbraten, dann beides rausfischen – das Fett bleibt aber drinnen.

2 Nun die Sahne in den Topf und aufgekocht. Den Parmesan reinrühren und runter mit dem Topf vom Herd. Jetzt hurtig Eier und Essig in die heiße Sauce geschlagen. Alles mit Salz und Pfeffer kräftig abschmecken.

3 Nebenbei Spaghettoni in reichlich Salzwasser al dente kochen, wie es auf der Packung steht, und abgießen. Nudeln (dürfen ruhig noch tropfen) geschwind mit der heißen Sauce verrühren – wobei die im Carbonara-Stil leicht stockt, aber nicht gerinnt. Nachschmecken und 1 Stunde in der Küche stehen lassen. Wird serviert, werden Speck und Zwiebel drunter gemischt. Und es wird meist noch mal gewürzt – Nudelsalat ist ein Gewürzschlucker.

Reisnudelsalat
Den macht die Nonna in China

FÜR VIER: 1/2 Netzmelone (Galia schmeckt z.B. lecker) • 3 unbehandelte Limetten • 6 EL süßscharfe Sauce (aus dem Asienladen) • 4 EL Olivenöl • Salz • Pfeffer aus der Mühle • 500 g nicht zu feine Reisnudeln (auch aus dem Asienladen) • 6 schöne Radicchio-Blätter • 1 großes Bund Basilikum

Zeit: 15 Minuten + 30 Minuten Marinieren • Kalorien pro Portion: 405 kcal

1 Kerne mit dem Löffel aus der Melone holen. Die Melone in Spalten schneiden, dann auch noch weg mit der Schale, dann das Fruchtfleisch würfeln. Limetten heiß waschen und 1 Limette dünn abreiben, den Saft von allen auspressen. Limettenschale und -saft sowie süßscharfe Sauce und Olivenöl verrühren und mit Salz und Pfeffer würzen. Das wird mit den Melonenwürfeln gemischt.

2 Reisnudeln in Salzwasser kochen, so wie es auf der Tüte geschrieben steht. Nudeln abgießen und abschrecken, sonst kleben sie zu sehr, und mit dem Melonen-Dressing mischen. Und 30 Minuten wegstellen zum Marinieren.

3 Derweil Radicchio waschen und trockenschleudern, den Radicchio grob zerpflücken. Die Basilikumblätter von den Zweigen zupfen. Das alles, wie es ist, unter die Nudeln mischen und gleich servieren.

Salate,

die klar sind

Richtig bunt

Ach Madame Nudel, was sehen Sie heute wieder appetitlich aus. Dieses Tomatenrot steht Ihnen wirklich hervorragend, das können Sie eigentlich immer tragen. Dazu ein wenig Aubergine? Edel, edel. Und macht sich auch noch prima zur noblen Fenchelblässe. Dann dieses Oliv mit ein wenig Basil drin und einem leichten Tick ins Mintgrün – formidabel. Und so gar nicht animalisch.

Madame Nudel, das macht Ihnen so schnell keiner nach!

Paste e patate e pesto

FÜR SECHS BIS ACHT: Blätter von 1–2 Bund Basilikum von den Zweigen zupfen, 1 Knoblauchzehe schälen. Mit 50 g Parmesan, 50 g Pinienkernen und 100 ml Olivenöl pürieren. Mit Salz und Pfeffer aus der Mühle würzen. 1 kleinen Kopf Wirsing (so etwa 600 g) putzen, vierteln und ohne Strunk in Streifen hobeln, im Sieb abbrausen. 4 fest kochende Kartoffeln schälen, halbieren und in reichlich Salzwasser in etwa 20 Minuten bissfest kochen. Rausfischen. 1 Knoblauchzehe schälen, würfeln und in 2 EL Olivenöl glasig braten. Wirsing tropfnass dazu, salzen, pfeffern, Deckel drauf und 15 Minuten dünsten lassen.

Derweil im Kartoffelwasser 500 g Trenette nach Packungsaufschrift bissfest kochen und Kartoffeln in Scheiben schneiden. Beides unter den Wirsing gemischt, zum Schluss kommt das Pesto drunter.

Fenchelnudeln

FÜR VIER: 500 g Fenchel waschen, das Grün hacken. Den Fenchel vierteln, entstrunken und in Streifen schneiden. 2 Frühlingszwiebeln waschen, putzen und in Ringe schneiden. 4 Zweige Minze abbrausen, trockenschütteln, Blätter von den Zweigen zupfen. Großen Topf heiß machen und darin 1/2 TL Fenchelsamen anrösten. Darin die Zwiebeln in 4 EL Olivenöl andünsten. Fenchel dazu plus 1 Prise frisch gemahlene Muskatnuss plus 2 EL Anisschnaps. Den Deckel drauf und in gut 15 Minuten weich dünsten lassen.

Derweil 4 Scheiben Weißbrot entrinden, zerrupfen und in 100 ml Olivenöl knusprig braten. 250 g Farfalle in reichlich Salzwasser nach Packungsaufschrift al dente kochen, abgießen und samt Minze und Fenchelgrün unter das Fenchelgemüse mengen. In Teller damit, Röstbrot drüber streuen und auf den Tisch.

Krautfleckerl

FÜR VIER: 500 g Weißkraut waschen, putzen und entstrunken. Kraut längs und quer in 1-cm-Stücke teilen. Mit 1/2 TL Salz mischen, 1 Minute durchkneten und wegstellen. 2 Zwiebeln schälen und würfeln. 4 EL Schweineschmalz mit 1 EL Zucker und 1/2 TL ganzem Kümmel im Topf heiß werden lassen, bis es karamellig aussieht. Darin die Zwiebeln 1 Minute anbraten. Dann Kraut ausgedrückt und in den Topf gegeben. Deckel drauf und alles 20–30 Minuten mit Ab-und-zu-Gerühre mehr braten als dünsten lassen.

Derweil 250 g in Stücke gebrochene breite Bandnudeln in Salzwasser nach Packungsaufschrift al dente garen. Ist das Kraut weich mit Biss, die abgegossenen Nudeln drunter mengen und kurz mitdünsten.

Vom Ätna bis zur Alm

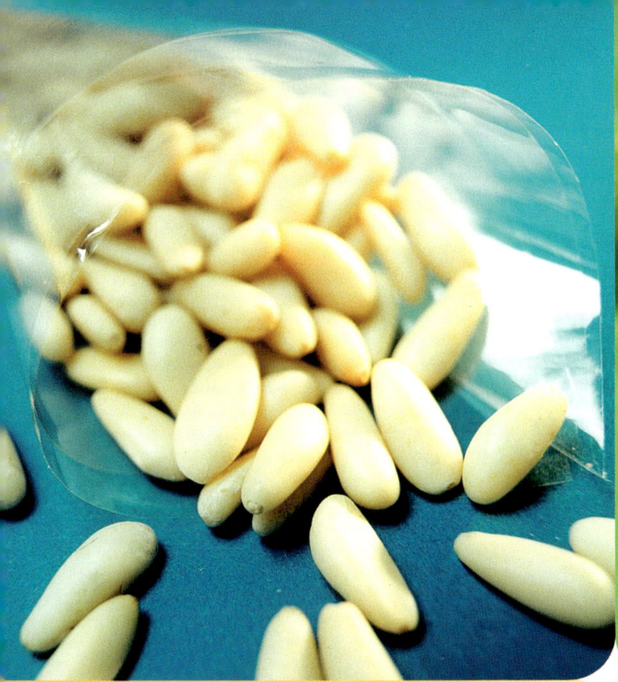

gute

45

Minuten

Papardouille

Sind: Papardelle mit Ratatouille

FÜR VIER:
1 kleine Aubergine
1 rote und 1 gelbe Paprikaschote
1 Zucchino
1 Zwiebel
2 Knoblauchzehen
1 Bund Petersilie
Salz
1 TL getrockneter Thymian
5 EL Olivenöl
Pfeffer aus der Mühle
500 g Papardelle oder andere sehr breite Bandnudeln
150 g Ziegenfrischkäse von der Rolle

Zeit: 45 Minuten
Kalorien pro Portion: 690 kcal

1 Alle frischen Gemüse waschen und sämtliche Stielansätze wegschneiden, bei den Schoten auch noch die Kerne und die hellen Häute innendrin. Alles in nicht zu kleine, aber ziemlich ähnliche Würfel schneiden. Die Zwiebel und den Knoblauch schälen und recht fein würfeln. Petersilie abbrausen, trockenschütteln, Blätter grob hacken.

2 Schon mal reichlich Nudelwasser mit Salz aufstellen. Zwiebel, Knoblauch und Thymian im Öl ein paar Minuten leise vor sich hin schmurgeln lassen. Dann die Hitze auf Mitte drehen und die Aubergine hinein und 1 Minute braten, das Rühren nicht vergessen. Die Paprika dazu und nochmal 1 Minute braten, den Zucchino dann genauso. Jetzt Salz und Pfeffer dran und das Ganze gute 5 Minuten zugedeckt schmoren lassen.

3 In der Zwischenzeit ist Folgendes passiert: Die Nudeln kamen ins kochende Wasser und näherten sich dem Al-dente-Punkt (Packungsaufschrift gibt kluge Ratschläge!), der Ziegenkäse wurde gewürfelt.

4 Nun schnell alles fertig machen: Petersilie ans Ratatouille und abgeschmeckt mit Salz und Pfeffer. Die Papardelle abgießen und mit dem Ratatouille in der Nudelschüssel vermischen, beim letzten Schwung kommt der Ziegenkäse dazu. Und jetzt in vorgewärmte tiefe Teller damit.

Wokky Goreng

Klassiker auf die Schnelle

FÜR VIER:
2 Knoblauchzehen
1 rote Chilischote
1 Bund Radieschen mit Grün
1 Hand voll Sojasprossen
2 EL gesalzene geröstete Erdnüsse
1 1/2 Limetten
250 g chinesische Eiernudeln (aus dem Asienladen)
Salz
3 EL Öl (was gerade da ist)
2 EL Sojasauce
1 EL Tomatenketschup
1 TL Zucker
2 Eier

Zeit: 30 Minuten
Kalorien pro Portion: 355 kcal

1 Knoblauchzehen schälen und würfeln. Chilischote entstielen, entkernen, waschen und genauso würfeln. Radieschen gründlich putzen, dabei das Grün aufheben, waschen und trockenschütteln, dann hacken. Die Radieschen waschen, halbieren und in dünne Scheiben schneiden. Diese mit dem Grün und den Sprossen mischen. Davon ein bisschen abnehmen und fürs Verzieren mit der Hälfte von Chili und Erdnüssen mischen. Die halbe Limette auspressen, die ganze Limette vierteln.

2 Die Nudeln in Salzwasser garen, so wie es auf der Packung steht, und abgießen. Mit 1 EL Öl mischen. Sojasauce, Ketschup, Limettensaft und Zucker verrühren, die Eier verschlagen.

3 Restliches Öl im Wok heiß werden lassen und den Knoblauch mit der restlichen Chili darin kurz anbraten. Die Eier in den Wok geben und ein paar Sekunden anstocken lassen, dann rühren. Wenn die Eier gerade noch etwas weich sind, die Nudeln dazugeben und weiterrühren, bis sich beides verbunden hat.

4 Jetzt Radieschen-Sprossen-Mischung dazu und 1 Minute unter Rühren mitbraten lassen. Den Saucenmix mit den restlichen Erdnüssen reinrühren und alles zusammen noch eine Runde durch den Wok drehen lassen. In Schalen damit und den Zierrat darüber gestreut. Mit den Limettenvierteln zum Drüberpressen servieren.

Nudeln mit Tomatensauce Nr. 1
Die fast von alleine gut wird

FÜR VIER: 800 g vollreife Tomaten • 1 Zwiebel • 3 Knoblauchzehen • 5 Zweige Oregano • 1 kleine rote Chilischote • etwa 100 ml vom allerbesten Olivenöl • Salz • 500 g grüne Tagliatelle oder andere breite Bandnudeln • frisch geriebener Parmesan für über die Nudeln

Zeit: 15 Minuten + 1 Stunde Garen • Kalorien pro Portion: 640 kcal

1 Den Backofen auf 180 °C hochfahren. Die Tomaten waschen, putzen und vierteln, dabei den Stielansatz wegschneiden. Zwiebel und Knoblauch schälen. Zwiebel halbieren und in Streifen schneiden, Knoblauch in Scheiben. Oregano abbrausen, trockenschütteln und die Blätter von den Zweigen streifen. Chili entstielen, entkernen und waschen. Alles in einer Auflaufform mischen und mit dem Öl begießen – es sollte die Tomaten bedecken.

2 Die Tomatenmischung im Ofen (Mitte!) 1 Stunde garen. Dann das Ganze in ein Sieb schütten, unter dem ein Topf steht, und mit einer Schöpfkelle oder einem Kochlöffel durchstreichen. Aufkochen und mit Salz würzen. Derweil die Nudeln in reichlich Salzwasser nach Packungsaufschrift bissfest kochen, abgießen und mit der heißen Sauce mischen. Mit dem Parmesan servieren.

AUCH NICHT SCHLECHT: Die Sauce hat Macht, weswegen sie sich gut mit kraftvollen Aromen macht: Oliven, Dosentunfisch, Kapern, Parmaschinken, nicht zu fette Salami, gebratene Garnelen.

Nudeln mit Tomatensauce Nr. 2
Die von alleine gut wird

FÜR VIER: 1 kg richtig gute reife Tomaten • Salz • 1 unbehandelte Zitrone • 2 Knoblauchzehen • 1 großes Bund Basilikum • reichlich schwarzer Pfeffer aus der Mühle • 1/8 l vom allerbesten Olivenöl • 500 g Spaghetti • grob gehobelter Parmesan für über die Nudeln

Zeit: 10 Minuten + 45 Minuten Stehenlassen • Kalorien pro Portion: 705 kcal

1 Die Tomaten waschen und unten kreuzweise einritzen. Reichlich Nudelwasser mit Salz schon mal aufkochen. Die Tomaten erst darin 10 Sekunden eintauchen, dann in eiskaltes Wasser. Haut abziehen, Tomaten vierteln und Stielansatz wegschneiden und die Kerne rausdrücken. Die Tomaten grob hacken, im Sieb mit 1 EL Salz mischen und 30 Minuten stehen lassen.

2 Zitrone heiß waschen. Schale abreiben und den Saft auspressen. Knoblauch schälen und durch die Presse drücken. Basilikumblätter von den Zweigen zupfen und hacken. Alles mit Pfeffer und Öl mischen. Abgetropfte Tomaten drunter mischen, 15 Minuten stehen lassen. Das Nudelwasser wieder aufkochen, die Spaghetti darin nach Packungsaufschrift bissfest garen, abgießen und in warmer Schüssel mit Tomatensauce mischen. Mit dem Parmesan servieren.

ofenfest oder

kalt gemacht

Spinatspätzle mit Mozzarella

Aus dem italienischen Allgäu

FÜR VIER:
1 Bund Frühlingszwiebeln
70 g Butter + ein bisschen mehr
150 g TK-Rahmspinat (bereits aufgetaut)
250 g Mehl
2 Eier
1 Eigelb
Salz
2 Kugeln Mozzarella (250 g)
schwarzer Pfeffer aus der Mühle

Zeit: 1 Stunde
Kalorien pro Portion: 570 kcal

1 Frühlingszwiebeln waschen und putzen. Die festen hellgrünen Teile in Ringe schneiden, den Rest für Brühe oder so was einfrieren. 50 g Butter in einer heißen Pfanne schmelzen lassen und die Zwiebelringe darin weichbraten. Abkühlen lassen.

2 Aufgetauten Spinat mit Mehl, Eiern und Eigelb plus 1/2 TL Salz zu einem glatten, blasigen Teig verschlagen. Mozzarella würfeln und mit Zwiebeln vermischen, leicht salzen und ordentlich pfeffern. Jetzt noch den Backofen auf 200 °C stellen, einen weiten Topf zu drei Vierteln mit Salzwasser füllen und aufkochen und dann noch eine Auflaufform mit ein bisschen Butter ausstreichen.

3 Nun geht es los: Eine Kelle voll Teig in die Spätzlepresse geben und ins kochende Wasser drücken. Oder den Teig durch ein Salatsieb mit großen Löchern streichen (das Sieb darf aber nicht ins Wasser kommen!). Oder etwas Teig auf ein feuchtes Holzbrett streichen und mit dem Messer in dünnen Teigstreifen ins Wasser schaben. Wenn die Spätzle nach oben steigen, mit Schaumkelle oder Haarsieb rausfischen, abtropfen lassen und in die Auflaufform geben. Darauf gleich etwas von der Mozzarella-Zwiebel-Mischung verteilen.

4 So geht's jetzt weiter, bis am Ende die Spätzle gekocht und abwechselnd mit Käse eingeschichtet sind, mit Mozzarella obenauf. Restliche Butter schmelzen lassen und drüber träufeln, dann das Ganze für 5–10 Minuten in den Ofen (Mitte!) schieben. Zulangen, Salat dazu essen, Bier dazu trinken.

AUCH NICHT SCHLECHT: Die warmen Spätzle verbinden sich hier ganz kasspatzig beim Schichten mit Mozzarella. Wer mehr Zeit für seine Gäste haben will (oder was auch immer), kann's auch auflaufartig machen: Spätzle nach dem Rausheben in ein Sieb werfen und mit kaltem Wasser abschrecken. Am Ende 1 EL Öl (was gerade da ist, aber nicht zu geschmacksintensiv) drunter mischen. Und einschichten, wann es passt. Für den Abschluss sind dann nur noch gute 20 Minuten im Backofen nötig.

rinse
denim
u.s.a

Möhrenspätzle
Mittagsnudeln für Einsteiger

FÜR VIER: 400 g Möhren • 60 g Butter • 1/2 TL Zucker • 1 Prise Zimtpulver • etwas frisch geriebene Muskatnuss • 100 ml Gemüsebrühe • 200 g Sahne • Salz • 500 g Spätzle aus der Tüte • 1 Bund glatte Petersilie • 1 Bund Schnittlauch

Zeit: 30 Minuten • Kalorien pro Portion: 735 kcal

1 Die Möhren schälen und zuerst längs in Scheiben, diese dann quer in Stifte schneiden. Butter im Topf erhitzen und den Zucker darin leicht karamellig werden lassen. Möhren dazuwerfen und kurz braten, mit Zimt und Muskat würzen. Gemüsebrühe und Sahne dazugießen, ein bisschen salzen und die Möhrensauce rund 10 Minuten ohne Deckel schmurgeln lassen, bis die Möhren bissfest sind und die Sauce cremig ist.

2 In reichlich Salzwasser die Spätzle nach Packungsaufschrift garen und abgießen. Inzwischen Petersilie und Schnittlauch abbrausen und trockenschütteln. Petersilienblätter hacken, Schnittlauch in Röllchen schneiden.

3 Die Kräuter in die Möhrensauce rühren und diese in einer vorgewärmten Schüssel mit den Spätzle vermengen. Gleich servieren, denn ganz, ganz frisch schmeckt's am besten.

Mission Beach Noodles
Campingnudeln für Fortgeschrittene

FÜR VIER: 1 Zwiebel • 250 g Champignons • 2 Möhren • 1 grüner Kopfsalat • 1 unbehandelte Limette • 300 g Reisnudeln (aus dem Asienladen) • Salz • 2 EL Öl (was gerade da ist) • 4 EL Sojasauce • etwas Zucker • 250 ml Kokosmilch

Zeit: 30 Minuten • Kalorien pro Portion: 215 kcal

1 Zwiebel schälen und würfeln. Die Pilze putzen, dabei mit Küchenpapier trocken abreiben, und in Scheiben schneiden. Möhren schälen, längs vierteln und in 1 cm dicke Scheiben schneiden. Den Salat putzen, die Blätter ablösen und waschen, trockenschütteln und grob hacken. Die Limette heiß waschen, Schale abreiben, Saft auspressen. Die Nudeln in reichlich Salzwasser so garen, wie es auf der Packung steht.

2 In einer Campingpfanne oder einem Wok 1 EL Öl heiß werden lassen. Die Zwiebel darin kurz braten, Champignons dazuwerfen, durchrühren, die Sojasauce dazu und Deckel drauf. 30 Sekunden zischen lassen, dann alles wieder raus. Nun das Restöl erhitzen und Möhren samt Zucker und Limettenschale darin anbraten. Kokosmilch dazu, leicht salzen und 2 Minuten dünsten lassen. Zwiebeln, Pilze, Nudeln und den Salat einrühren und nochmal 1 Minute dünsten lassen. Limettensaft hinein, abschmecken und wenn's geht mit Meeresrauschen genießen.

aus Alltag

und Urlaub

Spaghetti-Muffins

Die Törtchen für Nudelfans

FÜR VIER:
250 g Spaghetti
Salz
250 g grüner Spargel
2 EL Butter + ein bisschen mehr
100 g Maiskörner (aus der Dose)
100 g Raclette-Käse
6 Eier
50 g Sahne
50 g cremiger Ricotta oder Speisequark
50 g geriebener Parmesan

Zeit: 30 Minuten + 15 Minuten Backen
Kalorien pro Portion: 620 kcal

1 Die Spaghetti in reichlich Salzwasser, so wie es auf der Packung steht, bissfest garen. In ein Sieb gießen und mit reichlich kaltem Wasser abschrecken – hier ist das mal erlaubt, weil die Nudeln kalt werden sollen, dann aber ohne kalten Schrecken verkleben würden. Spaghetti gut abtropfen lassen und etwas hacken.

2 Spargel waschen und die Enden abschneiden, falls nötig, unten noch etwas schälen. Die Stangen in nicht zu dicke Scheiben schneiden, die Spitzen auf 2 cm Länge ganz lassen. Spargelscheiben in der Butter 5 Minuten braten, nach 3 Minuten die Spitzen dazugeben und die restliche Zeit mitbraten. Maiskörner im Sieb mit kaltem Wasser überbrausen. Den Raclette-Käse grob würfeln. Dies alles mit den Spaghetti vermischen.

3 Jetzt den Backofen auf 180 °C vorheizen. Eier, Sahne, Ricotta oder Speisequark und Parmesan miteinander verrühren. Die Mulden von einem 12er-Muffinblech mit ein bisschen Butter einfetten und die Spaghetti-Gemüse-Käse-Mischung darin verteilen. Die Eiersahne darüber gießen und sich setzen lassen. Die Spaghetti-Muffins für etwa 15 Minuten im Ofen (Mitte!) garen und gleich servieren – schmecken aber auch lauwarm. Gut passt dazu die Tomatensauce Nr. 2 von Seite 38.

PYREX

Pasticcia funghi

Zu deutsch: Nudelauflauf mit Pilzen

FÜR SECHS:
800 g gemischte Pilze nach Lust und Angebot (z. B. Shiitake, Champignons, Austernpilze, Steinpilze)
1 Zwiebel
2 Knoblauchzehen
7 EL Olivenöl + ein bisschen mehr
1 TL getrockneter Thymian
1 TL getrockneter Oregano
3 EL Mehl
180 ml trockener Rotwein
1 1/2 Dosen gehackte Tomaten (600 g)
150 g Tomatenketschup
Salz, Pfeffer aus der Mühle
500 g Makkaroni
250 g geriebener Parmesan
250 g geriebener Schnittkäse (z. B. Gouda, Tilsiter, Edamer)

Zeit: 40 Minuten + 30–40 Minuten Backen + 10 Minuten Stehenlassen
Kalorien pro Portion: 830 kcal

1 Die Pilze putzen, dabei reicht es meistens, sie mit Küchenpapier trocken abzuwischen. Zumindest von den Shiitake die Stiele entfernen. Die Pilze in dicke Scheiben schneiden. Die Zwiebel und den Knoblauch schälen und würfeln. Beides in 4 EL Öl mit den Kräutern sanft glasig braten, dann die Hitze hochschalten und die Pilze 2 Minuten unter Rühren anbraten.

2 Das Mehl über die Pilze stäuben und anschwitzen lassen. Dann den Wein reingießen und dabei rühren. Die Tomaten und den Ketschup auch noch dazu und das Ganze 15 Minuten köcheln lassen. Mit Salz und Pfeffer abschmecken, stehen lassen.

3 Derweil die Makkaroni in Stücke brechen, in reichlich Salzwasser nach Packungsaufschrift bissfest garen und abgießen. Mit 1 EL Olivenöl und 3 EL Parmesan mischen.

4 Nun den Backofen auf 200 °C vorheizen. Eine große Auflaufform mit ein bisschen Olivenöl einfetten und die Hälfte der Makkaroni darin verteilen. Darauf kommen die Hälfte der Pilzsauce, die Hälfte vom übrigen Parmesan und die Hälfte vom Schnittkäse. Und nun die restlichen Hälften genauso drüber schichten. Restliches Olivenöl darüber träufeln und die Pasticcia für etwa 30–40 Minuten in den Ofen (Mitte!) schieben. Rausnehmen und noch mal 10 Minuten zugedeckt stehen lassen. Verteilen.

Tomatensalat mit Nudeln
Zwei, die sich auch kalt verstehen

FÜR VIER: 2 EL Weißweinessig (Rotweinessig geht auch, dann aber etwas weniger nehmen) • 1 TL mildes Paprikapulver • Salz • wenig Pfeffer aus der Mühle • wenig Zucker • 125 g Sahne • 4 EL Öl (was gerade da ist) • 2 Bund Schnittlauch • 250 g Spiralnudeln • 250 g Emmentaler • 250 g Kirschtomaten

Zeit: 20 Minuten + 2 Stunden Ziehen • Kalorien pro Portion: 650 kcal

1 Den Essig mit Paprikapulver, Salz und Pfeffer und Zucker verrühren. Sahne und Öl reinrühren. Schnittlauch abbrausen, trockenschütteln und in Röllchen schneiden, dann zum Dressing geben.

2 Nudeln in reichlich Salzwasser nach Packungsaufschrift bissfest garen, abgießen, heiß abbrausen und noch warm mit dem Dressing vermengen. Mindestens 2 Stunden kühl stellen und ziehen lassen.

3 Den Käse in Würfel schneiden. Die Kirschtomaten waschen, entstielen und vierteln. Den Salat 1 Stunde vor dem Servieren aus dem Kühlschrank nehmen und mit Käsewürfeln und Tomatenvierteln mischen. Weiter ziehen lassen, nachschmecken und servieren.

Bohnensalat mit Penne
Statt dem üblichen Nudelsalat

FÜR VIER: 300 g grüne Bohnen • 1 TL getrocknetes Bohnenkraut • Salz • 250 g Penne • 1 Zwiebel • 100 ml Gemüsebrühe • 1 Zitrone • 8 EL Öl (was gerade da ist) • Pfeffer aus der Mühle • 4 Eier • 100 g roher Schinken

Zeit: 30 Minuten + 45 Minuten Ziehen • Kalorien pro Portion: 580 kcal

1 Die Bohnen waschen und putzen, dann in 3 cm lange Stücke schneiden. Mit dem Bohnenkraut in reichlich Salzwasser in gut 10 Minuten bissfest kochen, rausfischen und im Sieb kurz kalt abbrausen. Die Penne im Bohnensud, wie auf der Packung beschrieben, al dente kochen.

2 Derweil Zwiebel schälen, würfeln und mit der Brühe einmal aufkochen. Zitrone auspressen und samt 6 EL Öl dazurühren. Das Dressing mit Salz und Pfeffer abschmecken. Die gegarten Nudeln abgießen und kurz im Sieb heiß abbrausen. Noch warm mit dem Dressing und den Bohnen vermengen, 45 Minuten ziehen lassen.

3 Übriges Öl in der Pfanne heiß machen. Die Eier kräftig verschlagen und in dem Öl zu Rührei braten. Auf ein Brett geben und abkühlen lassen. Den Schinken in kleine Stücke schneiden. Ei und Schinken vor dem Servieren unter den Salat mischen.

Party, Party,

Party!

Pasta Tabbouleh

Ziemlich orientalisch

FÜR VIER:
250 g Fadennudeln
Salz
2 Zitronen
100 ml Olivenöl
5 Frühlingszwiebeln
1–2 Bund glatte Petersilie (Menge je nach Bundgröße, auf jeden Fall viel)
1 kleines Bund Minze (muss aber nicht sein)
300 g vollreife Tomaten
Pfeffer aus der Mühle
1/4 TL Kreuzkümmelpulver (gibt's beim Türken oder im Orientshop)
1 Prise Zimtpulver

Zeit: 30 Minuten + 45 Minuten Ziehenlassen
Kalorien pro Portion: 405 kcal

1 Die Fadennudeln ein paar Mal kräftig in der Packung drücken, damit sie nicht zu lang sind, und in reichlich Salzwasser nicht ganz al dente kochen, sie sollten noch etwas hart sein. Derweil die Zitronen auspressen. Die Nudeln abgießen, kurz heiß abbrausen und noch warm mit 2 EL vom Zitronensaft und 2 EL Öl vermengen.

2 Die Frühlingszwiebeln waschen, putzen und die festen hellgrünen Teile in feine Ringe schneiden. Petersilie und Minze abbrausen und trockenschütteln. Bei der Petersilie nur die groben Zweige entfernen, sonst alles hacken. Bei der Minze die Blätter von den Zweigen zupfen und nur diese hacken. Tomaten waschen und die Stielansätze entfernen, dann die Tomaten halbieren und würfeln.

3 Restlichen Zitronensaft und restliches Öl mit Salz, Pfeffer, Kreuzkümmel und Zimt verrühren. Nudeln, Frühlingszwiebeln, Kräuter und Tomaten mit dem Dressing vermischen und mindestens 45 Minuten durchziehen lassen.

Taufrisch blau

Hier wird zwar nicht mit blauem Meerwasser gekocht, aber es schmeckt danach. Nach Meer. Und auch ein wenig nach See, Bach, Fluss. Nach Muscheln mit dem Blues und Fischfilet mit Liebe, nach Tunfisch aus der Dose, nach Forelle aus dem Rauch. Nach Lachs und Laksa, nach Sardine und Salsa.

Wie wir es ja schon einmal sagten: Fisch ist mehr als nur ein Stäbchen. Und Nudeln können mehr sein als bloß Tomate und Basilikum. Nudeln können blau sein. Und himmlisch gut dabei.

Tuna Noodles

FÜR VIER: Zwei 180-g-Dosen Tunfisch im eigenen Saft in ein Sieb leeren, unter dem eine Schüssel steht. 1 kleine Zwiebel schälen und in 1 EL Öl (was gerade da ist) glasig braten. 1 EL Garam masala (gibt's im Orientshop, sonst geht auch Currypulver) reinrühren und 1 Dose Kokosmilch (400 ml) sowie 1/8 l Hühnerbrühe und den Tunfischsaft drauf gießen. Noch 100 g TK-Erbsen dazu und alles 8 Minuten köcheln lassen. Mit Salz würzen.

Derweil 250 g chinesische Weizennudeln (aus dem Asienladen) so garen, wie es auf der Packung steht.

Den Tunfisch zerpflücken und in die Sauce rühren. Mit den abgegossenen Nudeln verrühren. Mit ein wenig Zitronensaft erfrischen und sogleich aus Nudelschalen schlürfen.

Sardinennudeln

FÜR VIER: 1 Knolle Fenchel waschen. Strunk raus, Grün hacken, Knolle 10 Minuten in kochendes Salzwasser (soll noch knackig sein). Abkühlen lassen.

1 Tütchen Safranfäden in etwas Wasser rühren. 125-g-Dose Ölsardinen abtropfen lassen. 2 Zwiebeln und 2 Knoblauchzehen schälen, würfeln und mit der Hälfte der Sardinen in 4 EL Olivenöl dünsten. Fenchel fein schneiden und mit Fenchelgrün, Safran und noch 250 g gehackten Tomaten (aus der Dose) dazugeben. 10 Minuten köcheln lassen. Nun noch 5 EL Pinienkerne und 4 EL Sultaninen 5 Minuten mitköcheln.

500 g Fusilli so garen, wie es auf der Packung steht. Rest-Sardinen kurz in 1 EL Öl braten, 1 Prise Mehl darüber streuen. Nudeln, Sauce und Sardinen mischen.

Pasta Balsamico

FÜR VIER: 1 Zwiebel schälen, würfeln und in 1 EL Olivenöl glasig dünsten. 800 g Tomaten waschen, putzen und hacken. Mit 1/8 l Aceto balsamico zu den Zwiebeln geben und 15 Minuten leise köcheln lassen. Sauce durch ein Sieb streichen und mit 3 EL Kapern verrühren. Mit Salz, Pfeffer aus der Mühle und 1/4 TL Zucker würzen, nochmals 15 Minuten köcheln lassen. Derweil 400 g Fischfilet (nach Geschmack) in feine Streifen schneiden. 1 Bund Estragon abbrausen, trockenschütteln und die Blätter hacken.

500 g Penne so garen, wie es auf der Packung steht. Fisch samt Estragon in der Sauce neben dem Herd zugedeckt 5 Minuten ziehen lassen, dann mit den abgegossenen Nudeln vermischen.

Mit Flasche und Dose

gute

30

Minuten

The Blues Ragout

Weil's nach Nordamerikas Süden schmeckt

FÜR VIER:
600 g gemischte TK-Meeresfrüchte (Miesmuscheln ohne Schale, Garnelen, Oktopus und so weiter, oder einfach Fischfilet nehmen, z. B. Kabeljau, Seelachs oder Rotbarsch)
1 Zwiebel
3 Knoblauchzehen
1 grüne Paprikaschote
2 Stangen Sellerie mit Grün
2 Frühlingszwiebeln
1 Bund Petersilie
100 g mild geräucherter Schinken am Stück
1 TL getrockneter Thymian
2 EL Öl (was gerade da ist)
1/4 TL Zucker
1 Dose Tomaten (400 g)
1/4 l Fischfond (aus dem Glas)
Cayennepfeffer
250 g Makkaroni
Salz
Saft von 1/2 Zitrone

Zeit: 50 Minuten + 10 Minuten Ziehenlassen
Kalorien pro Portion: 510 kcal

1 Die Meeresfrüchte auftauen lassen. Zwiebel und Knoblauch schälen und nicht zu fein würfeln. Paprikaschote, Sellerie und Frühlingszwiebeln waschen und putzen, etwas Selleriegrün beiseite legen. Frühlingszwiebeln in feine Ringe schneiden. Paprika würfeln, den Sellerie in Scheiben schneiden. Die Petersilie abbrausen, trockenschütteln und die Blätter mit dem beiseite gelegten Selleriegrün hacken. Schinken quer in Streifen schneiden.

2 Zwiebel und Knoblauch mit dem Thymian im Öl bei geringer Hitze glasig braten. Paprika und Sellerie mit dem Zucker darin 2 Minuten braten. Dann Tomaten, Fischfond und Schinken dazugeben, je nach Lust auf Schärfe mit Cayennepfeffer abschmecken und das Ganze 20 Minuten sanft köcheln lassen.

3 Derweil die Makkaroni in möglichst kleine Stücke brechen und in reichlich Salzwasser nach Packungsaufschrift und noch einen Tick länger kochen, bis die Nudeln fast ein bisschen zu al dente sind. Abgießen und mit Meeresfrüchten, Petersilie-Selleriegrün-Hack und Frühlingszwiebeln ins Blues Ragout rühren. Zudecken und 10 Minuten neben dem Herd ziehen lassen. Mit Zitronensaft nachschmecken und servieren.

Jiaozi mit Krabben

Easy-China-Basics statt Ravioli-Grandezza

FÜR VIER:
300 g Vollkornweizenmehl + ein bisschen mehr
Salz, 300 g Chinakohl
150 g Shiitake-Pilze
200 g gepulte Nordseekrabben (sonst Shrimps)
1 Knoblauchzehe
1 walnussgroßes Stück frischer Ingwer
2 EL Fischsauce (aus dem Asienladen)
1 EL trockener Reiswein (auch aus dem Asienladen, sonst Sherry)
Pfeffer aus der Mühle
1 kräftige Prise Zucker
4 EL Öl (was gerade da ist, aber nicht zu geschmacksintensiv)

Zeit: 1 1/4 Stunden
Kalorien pro Portion: 485 kcal

1 So schnell macht der Chinese Nudeltaschenteig, uns hilft dabei die Küchenmaschine: Hälfte vom Mehl mit 1/2 TL Salz und 1/8 l Wasser krümelig verkneten. Nochmal 1/8 l Wasser aufkochen, zum übrigen Mehl gießen und 2 Minuten verkneten. Beide Teige 5 Minuten miteinander verkneten, 30 Minuten liegen lassen.

2 Derweil vom Chinakohl die nicht so schönen äußeren Blätter entfernen und den Strunk rausschneiden. Den Rest in feine Streifen schneiden, waschen und abtropfen lassen. Pilze putzen (Stiele weg!) und wie die Krabben grob hacken. Knoblauch und Ingwer schälen, beides auf der Küchenreibe fein reiben. Jetzt das Ganze 2 Minuten lang kräftig mit Fischsauce, Reiswein sowie Pfeffer, Zucker und 1 kräftigen Prise Salz verkneten – bitte per Hand.

3 Ein bisschen Mehl auf die Arbeitsfläche streuen und den Teig knapp 5 mm dick ausrollen und gut 10 cm große Kreise ausstechen. Was übrig bleibt, wieder verkneten, ausrollen, ausstechen. Und wieder usw. Die Kreise mit Wasser bestreichen, auf eine Hälfte 1–2 EL Füllung geben. Andere Hälfte drüber schlagen, den Rand jeweils andrücken. Dann den Rand reihum drei- bis viermal zwischen Daumen und Zeigefinger einkneifen, so dass ein Faltenkranz entsteht und die Füllung stramm im Teig sitzt. Zur Belohnung gibt's ein echtes Jiaozi mit schmalem Kamm auf der einen Seite und dickem Bauch auf der anderen.

4 In einer Pfanne mit Deckel oder im flachen Topf das Öl erhitzen. Jiaozi mit Kamm nach oben und Bauch nach unten (ruhig ein bisschen drücken, damit sie stehen bleiben) reinstellen und 1 Minute anbraten. Soviel kochend heißes Salzwasser angießen, dass der Boden knapp einen Finger breit bedeckt ist. Den Deckel drauf und erst 2 Minuten stark kochen, dann 8–10 Minuten sanft schmoren lassen, bis die Flüssigkeit aufgesogen ist. Nun Jiaozi ohne Deckel 1–2 Minuten an der Unterseite knusprig braten. Schmeckt gut mit Sojasauce dazu. Und noch besser mit: Sojasauce mit Essig, Sherry mit Knoblauch, Sesam, Ingwer und etwas Chili drin.

chipie

Nudelsuppenfisch aus dem Mittelmeer
Lebt irgendwo zwischen Zuppa und Pasta

FÜR VIER: 2 Knoblauchzehen • 1 unbehandelte Orange • 1 Lorbeerblatt • 1 TL getrockneter Oregano • 1 l Fischfond (aus dem Glas) • 1/4 l trockener Rotwein • 2 Zucchini • 1 Bund glatte Petersilie • 400 g Filet vom Lieblingsfisch (können auch mehrere sein) • 200 g Kitharaki-Nudeln (sehen aus wie dicke, gelbe Reiskörner, gibt's beim Griechen, sonst Buchstabennudeln oder andere kleine Suppennudeln nehmen) • allerbestes Lieblingsolivenöl

Zeit: 45 Minuten • Kalorien pro Portion: 420 kcal

1 Knoblauchzehen schälen und halbieren, Orange waschen und zur Hälfte die Schale abreiben. Beides mit Lorbeerblatt und Oregano im Fischfond und Wein aufkochen. Zucchini waschen, putzen und dann im köchelnden Sud 5 Minuten garen. Rausnehmen, abkühlen lassen. Den Sud 10 Minuten neben dem Herd stehen lassen.

2 Petersilie abbrausen, trockenschütteln und die Blätter hacken. Fisch in löffelgroße Stücke schneiden. Abgekühlte Zucchini in Scheiben schneiden. Knoblauch und Lorbeer aus dem Sud fischen, dafür den Orangensaft reinpressen. Aufkochen, Nudeln rein und fast bissfest garen – nicht ganz so lange, wie es auf der Packung steht.

3 Zucchini drunter rühren, dann den Topf vom Herd ziehen und Fisch und Petersilie vorsichtig untermengen. Den Nudelsuppenfisch gute 5 Minuten stehen lassen. Und dann in tiefe Teller mit ihm und am Tisch das allerbeste Lieblingsolivenöl drauf träufeln. Und loslöffeln.

Spaghetti Vongole in Brodo
Leben ähnlich wie die Nudelfische

FÜR VIER: 1 kg beste Venusmuscheln, sonst gehen auch Miesmuscheln • 1 weiße Zwiebel • 6 EL Olivenöl • 1 großes Bund Basilikum • 2 Stauden Chicorée • 250 g Spaghetti • Salz • 1/2 l Hühnerbrühe (so gut, wie's nur geht) • 1/8 l trockener Weißwein • Pfeffer aus der Mühle • geriebener Parmesan für über die Nudeln

Zeit: 45 Minuten • Kalorien pro Portion: 690 kcal

1 Muscheln waschen und alle, die jetzt schon offen sind, wegwerfen. Zwiebel schälen, würfeln und im großen Topf in 4 EL Öl bei mittlerer Hitze glasig braten. Hitze hochdrehen und Muscheln rein, dass es zischt. Deckel drauf und 3 Minuten zischen lassen, dabei Topf öfters rütteln. Jetzt sollten die Muscheln offen und ein bisschen Sud im Topf sein. Offene Muscheln: Fleisch rausholen. Geschlossene Muscheln: wegwerfen. Sud: durch Kaffeefilter gießen.

2 Die Basilikumblätter von den Zweigen zupfen und grob hacken. Chicorée putzen, halbieren, entstrunken und auch grob hacken. Spaghetti in Stücke brechen und in Salzwasser bissfest kochen, wie es auf der Packung steht. Abgießen und mit dem Rest vom Öl mischen. Brühe, Wein und Muschelsud aufkochen, den Chicorée rein und nochmal aufkochen. Den Topf vom Herd ziehen, Nudeln, Basilikum und Muschelfleisch reinrühren. Mit Salz und Pfeffer kräftig abschmecken, in tiefe Teller damit und Parmesan darüber.

wenn's schwimmt,

dann schmeckt's

Wan Tan Swim

Schwimmen wie Fisch in der Brühe

FÜR VIER:
etwa 20 Wan-Tan-Blätter (aus dem Asienladen, im Tiefkühler zu finden, 10 x 10 cm groß)
250 g Lachsfilet
100 g gegarte Miesmuscheln (aus Glas oder Dose)
50 g möglichst fetter Räucherspeck in Scheiben
1 Bund Frühlingszwiebeln
1 Hand voll Sojasprossen
1 unbehandelte Limette
1 EL Sojasauce
1 Eiweiß (vom Ei Größe S)
Pfeffer aus der Mühle
1 TL Speisestärke
1 walnussgroßes Stück frischer Ingwer
800 ml Hühnerbrühe (möglichst frisch zubereitet, sonst Geflügelfond aus dem Glas)
800 ml Fischfond (auch möglichst frisch zubereitet, der aus dem Glas geht aber ebenfalls)
Salz

Zeit: 45 Minuten
Kalorien pro Portion: 740 kcal

1 Die Wan-Tan-Blätter auftauen lassen. Lachsfilet grob hacken, Muscheln im Sieb abbrausen und ebenso grob hacken (falls noch der Bart dranhängt, vorher weg damit). Und den Speck auch grob hacken. Frühlingszwiebeln waschen und putzen, dabei bis aufs Weiße stutzen. Den festen Rest vom grünen Teil in dünne Ringe schneiden, das Weiße grob hacken. Sojasprossen abbrausen, abtropfen lassen und grob hacken. Limette heiß waschen, die Schale dünn abreiben, den Saft auspressen.

2 Alles grob Gehackte mit Limettenschale und Sojasauce in den Mixer stecken und fein mixen. Limettensaft und Eiweiß kurz drunter mixen. Mit Pfeffer abschmecken. Die Füllung 10 Minuten kühl stellen.

3 Speisestärke mit 1 EL kaltem Wasser zur Paste verrühren. Nach und nach in die Mitte der Wan-Tan-Blätter 1 TL Füllung geben, Rand mit dem Finger dünn mit der Stärkepaste bestreichen. Blätter über der Füllung zu Dreiecken falten und am Rand gut festdrücken. Jetzt die beiden Ecken, die am weitesten voneinander weg sind, zusammenbringen und mit einem Klacks Paste fest zusammendrücken (sieht aus wie Tortellini mit Spitzhut.)

4 Jetzt das „Badewasser“ vorbereiten: den Ingwer schälen und dünn hobeln, mit Hühnerbrühe und Fischfond aufkochen. Derweil reichlich Salzwasser aufkochen. Die Wan Tans darin 2–3 Minuten garen, bis sie nach oben steigen. Rausfischen und mit dem Zwiebelgrün in vorgewärmte Suppenschalen geben, darauf die heiße Hühner-Fisch-Suppe gießen. Genießen.

Seafood Laksa

Der Nudeleintopf aus Asiens Südosten

FÜR VIER:
1 Zwiebel, 2 Knoblauchzehen, 1 walnussgroßes Stück frischer Ingwer
5 Macadamia-Nüsse (natürlich bereits geknackt)
1 unbehandelte Limette, 5 EL Öl (was gerade da ist)
1 EL rote Currypaste (aus dem Asienladen, zur Not gehen auch 1 EL scharfes Currypulver und 1 TL Öl)
1 TL Sardellenpaste
1 Salatgurke, 2 Frühlingszwiebeln
1 Bund Minze, 1 Bund Koriander
100 ml Pflanzenöl zum Frittieren
1 hart gekochtes Ei, Salz
1 TL Palmzucker (aus dem Asienladen, sonst brauner Rohrzucker)
500 g helles Fischfilet (z. B. Kabeljau oder ganz authentisch Red Snapper)
8 rohe geschälte Riesengarnelen
1 Dose Kokosmilch (400 ml)
250 g Reisnudeln (aus dem Asienladen)

Zeit: 1 Stunde
Kalorien pro Portion: 385 kcal

1 Zwiebel, Knoblauch und Ingwer schälen und samt den Nüssen grob hacken. Limette heiß waschen und die Schale dünn abreiben. Den Saft auspressen und für später aufheben. Schale, Zwiebel, Knoblauch, Ingwer, Nüsse, Öl und die beiden Pasten im Mixer zur Laska-Paste pürieren.

2 Die Gurke schälen und längs halbieren. Kerne mit dem Löffel rausstreichen, Gurkenfleisch in dünne Scheiben hobeln. Die Frühlingszwiebeln waschen und putzen. Das feste Grün und das Weiße getrennt in Ringe schneiden. Kräuter abbrausen, trockenschütteln und die Blätter von den Zweigen zupfen. Kräuterblätter mit Gurke und Zwiebelgrün mischen.

3 Pflanzenöl heiß machen und die weißen Zwiebelringe darin knusprig braun frittieren. Das Ei pellen und in Scheiben schneiden. In einem breiten Topf Wasser mit etwas Salz, dem Zucker und dem Limettensaft aufkochen. Fischfilet und Garnelen reinlegen, den Topf vom Herd ziehen. 5 Minuten stehen lassen, dann Fisch und Garnelen herausnehmen, den Sud aufheben. Den Fisch in löffelgroße Stücke teilen.

4 Laksa-Paste im heißen Wok (es darf auch ein weiter Topf sein) 5 Minuten braten lassen, dabei immer rühren. Den Sud dazugießen und aufkochen, Kokosmilch nach und nach reinrühren, Garnelen und Fisch dazugeben. Wok oder Topf vom Herd ziehen. Die Reisnudeln so garen, wie es auf der Tüte steht, und abgießen. Nudeln mit Kräuter-Gurken-Zwiebelgrün (etwas zum Verzieren beiseite legen) mischen und auf Suppenschalen verteilen. Die Suppe drüber schöpfen und mit Ei, Röstzwiebeln und dem Verzier-Grün schön machen.

Pasta Stracci mit Schwertfisch-Salsa

Gerupfte Nudeln für nur eine Feuerstelle

FÜR VIER: 3 Stangen Sellerie • 1 Tomate • je 1 gelbe und rote Paprikaschote • 1 rote Zwiebel • 1 rote Chilischote • 1 Bund glatte Petersilie • 2 EL möglichst kleine Kapern • 4 EL allerbestes Olivenöl • 500 g Schwertfisch (Tunfisch geht auch, Lachs auch, und ja, selbst Kabeljau) • 1 EL Zitronensaft • Salz • 500 g Lasagne-Nudelplatten (solche, die vorgekocht werden müssen) oder sehr breite Bandnudeln

Zeit: 50 Minuten • Kalorien pro Portion: 860 kcal

1 Alle Gemüse waschen und putzen. Sellerie längs halbieren und in dünne Scheiben schneiden, Tomate und Paprika fein würfeln. Zwiebel schälen, Chili entstielen, entkernen und waschen, beides auch fein würfeln. Jetzt noch die Petersilie abbrausen, trockenschütteln und die Blätter grob hacken. Dann dies alles mit den Kapern und dem Öl verrühren. Und die Salsa 30 Minuten stehen lassen.

2 Derweil den Fisch so dünn wie möglich in kleine Scheiben schneiden, auf einer großen Platte auslegen und mit Zitronensaft beträufeln sowie mit Salz bestreuen. Folie drüber, für 15 Minuten ab in den Kühlschrank.

3 Nudelplatten in Stücke brechen und in reichlich Salzwasser in 8–10 Minuten bissfest kochen. Jetzt den Warme-Nudelschüssel-Trick durchführen: Nudelsieb in eine Schüssel stellen. Nudeln samt Wasser ins Sieb gießen. Sieb aus der Schüssel, Wasser aus der Schüssel. Nudeln in die Schüssel, mit Salsa mischen, dann mit dem Fisch.

Suppennudelsalat mit scharfem Lachs

Und süß und sauer ist er auch noch

FÜR VIER: 4 EL Sojasauce • 4 EL Apfelessig • 1 TL Wasabi (japanischer Meerrettich, aus dem Asienladen, gibt's aus der Tube oder als Pulver zum Anrühren) • 1 TL Zucker • 3 EL Olivenöl • 2 Zweige Minze • 250 g feine Suppennudeln • Salz • 400 g Lachsfilet • 1 Knoblauchzehe • 1 Bund Rucola

Zeit: 30 Minuten + 2 Stunden Ziehen • Kalorien pro Portion: 515 kcal

1 Je 3 EL Sojasauce und Essig mit 1 Messerspitze Wasabi, 1 Prise Zucker und 2 EL Öl verrühren. Minze abbrausen und trockenschütteln, Blätter fein hacken und ins Dressing rühren. Nudeln so in Salzwasser garen, wie es auf der Tüte steht, abgießen und mit dem Dressing vermischen. 2 Stunden ziehen lassen, dabei öfters mengen.

2 Etwa 1 Stunde vor dem Servieren das Lachsfilet längs halbieren und quer in feine Streifen schneiden. Den Knoblauch schälen, hacken und mit etwas Salz bestreuen. Dann mit der Messerklinge zur Paste zerreiben und mit übrigem Wasabi, Zucker, Essig und Sojasauce verrühren. Den Lachs damit vermengen und 30 Minuten durchziehen lassen. Den Rucola waschen, trockenschleudern und die groben Stiele entfernen, die Blätter zerpflücken.

3 Übriges Öl in Wok oder Pfanne erhitzen, dann Lachs für Sekunden durchzischen lassen und zu den Nudeln geben, so bald er etwas Farbe hat. Rucola dazu, alles durchgemischt, noch 5 Minuten stehen gelassen. Fertig.

Herr Ober,

der Fisch ist kalt!

Nudels Festsalat

Der Partyklassiker in edel

FÜR VIER:
4 Forellenfilets mit Haut
Salz
2 TL Honig
400 g grüner Spargel
250 g Makkaroni
1 Bund Schnittlauch
4 EL Zitronensaft + ein bisschen mehr
80 g Crème fraîche
weißer Pfeffer aus der Mühle
2–4 EL (je nach festlicher Stimmung) vom hübsch orangen Forellenkaviar

Zeit: 45 Minuten + 15 Minuten Ziehenlassen
Kalorien pro Portion: 430 kcal

1 Die Forellenfilets häuten, das Fleisch in Stücke teilen. Die Haut mit etwas Salz und dem Honig in 2 l Wasser aufkochen und 10 Minuten ziehen lassen.

2 Den Spargel waschen, die Enden kappen und den unteren Teil der Stangen, falls nötig, noch etwas schälen. Spargel in 3 cm lange Stücke schneiden, dabei die Köpfe extra lassen. Makkaroni in passende Stücke brechen. Schnittlauch abbrausen, trockenschütteln und in Röllchen schneiden.

3 Die Haut aus dem Sud fischen, den aufkochen und die Spargelstücke (nicht die Köpfe!) darin 4 Minuten garen. Dann die Spargelköpfe dazugeben und alles weitere 2 Minuten kochen, bis der Spargel bissfest ist. Spargel aus dem Sud heben, dafür die Makkaroni darin nach Packungsaufschrift bissfest garen. Nudeln abgießen, aber vorher 100 ml Kochwasser rausschöpfen und mit Zitronensaft und Crème fraîche zur Sauce verrühren.

4 Die warmen Nudeln mit Spargel und Sauce vermischen. Mit Salz, Pfeffer und ein bisschen Zitronensaft kräftig-festlich nachschmecken, dann Schnittlauch und Kaviar drunter mischen. Jetzt noch zugedeckt 15 Minuten ziehen lassen, nachschmecken und lauwarm servieren. Fein als Vorspeise, geht aber auch als kühlerer Salat fürs Büffet.

Kräftig rot

Kraut'n' Pork statt Kraut und Rüben? Lieber Fleisch als Fisch zur Nudel? Gerne. Solange es immer noch Nockerl mit Hendl statt Hendl mit Nockerl heißt. Weil wir sind erstens Noodle-Fans und zweitens Fleischfreunde.

Und als solche sehen wir unseren Liebling durchaus mit Freude im Rot von Weinleber, Debreczinern oder Migthy Meatballs. Aber erkennen wollen wir ihn schon noch. Klappt das nicht, muss Rot raus. Tomate und Paprika zuerst, allerdings. Fleischfreundlich eben.

Linguine mit Weinleber

FÜR VIER: 300 g Leber (billig und kraftvoll vom Huhn, teurer und edler vom Kalb) von allem befreien, was nicht nach Leber aussieht, und in Streifen schneiden. 300 g rote Zwiebeln schälen, vierteln und in Streifen schneiden. Leberstreifen in Mehl wenden und in 2 EL zerlassener Butter in einer Pfanne anbraten. Leber raus, Zwiebeln rein, 1 TL Zucker dazu und bei kleiner Hitze 2 Minuten braten lassen. 1 Prise Zimtpulver, 2 EL Aceto balsamico und 250 ml Rotwein mit Power (fürs Huhn Chianti, fürs Kalb Chianti Classico) dazu und in 15 Minuten zur Hälfte einköcheln lassen. 500 g Linguine in Salzwasser nach Packungsaufschrift bissfest kochen. Von 1 Bund Basilikum die Blätter hacken. Zum Schluss Leber zu den Zwiebeln werfen, Basilikum, Nudeln und 2 EL Butter dazu. Mischen, essen, restlichen Roten der eigenen Leber geben.

Kraut'n' Pork Noodles

FÜR VIER: 300 g Schweinefilet in Streifen schneiden und 1 TL Speisestärke einmassieren. 2 EL Sojasauce, 1 EL Öl, 1 EL Reiswein* oder Sherry mit 1 TL Zucker verrühren, mit dem Fleisch vermengen. 30 Minuten stehen lassen. Derweil 4 Frühlingszwiebeln waschen, putzen und in Ringe schneiden. 1 kleines Stück Ingwer und 2 Knoblauchzehen schälen und fein reiben. 300 g Hokkien-Nudeln* so garen, wie es auf der Packung steht. Im Wok 1 EL Öl heiß machen und Frühlingszwiebeln, Knoblauch und Ingwer einmal durchsausen lassen. 150 g Sauerkraut rein, 30 Sekunden mitbraten. Raus, nochmal 1 EL Öl im Wok rauchen lassen und das Schwein darin 1 Minute wokrühren. Kraut dazu plus 2 EL Sojasauce, 50 ml Hühnerbrühe und 1 TL Zucker. Alles 1 Minute wokrühren, dann Nudeln drunter. (* aus dem Asienladen)

Schinkennudeln italienisch

FÜR DREI BIS VIER: 200 g milden rohen Schinken (luftgetrockneter aus Italien!) in Stücke schneiden. 1 Hand voll Champignons trocken abreiben und in dünne Scheiben schneiden. 1 Bund Schnittlauch abbrausen, trockenschütteln, in Röllchen schneiden. 3 Eier mit 50 g Ricotta und 4 EL geriebenem Parmesan kurz vermengen, aber nicht glatt rühren. 250 g Penne nach Packungsaufschrift in Salzwasser bissfest kochen, abgießen. Pilze in 3 EL Butter anbraten. Schinken, Nudeln, Schnittlauch und 2 EL Semmelbrösel dazu und weiterbraten. Gut pfeffern, Eiermischung reinrühren und 1 knappe Minute mitbraten, dabei öfters wenden. Lecker mit grünem Salat.

Deftig, billig, gut

gute

35

Minuten

Tante Ilses Grenadiermarsch

Florentinisch-niederösterreichisch

FÜR VIER:
3–4 fest kochende Kartoffeln (zusammen gut 300 g schwer)
1 TL ganzer Kümmel
Salz
4 Lammchops (das sind Scheiben vom Lendenstück; zusammen gut 600 g schwer)
1 Bund glatte Petersilie
1 Zwiebel
1 Knoblauchzehe
250 g Fleckerl (das sind 1–2 cm große Quadrate aus Nudelteig, kommen aus Österreich, Ersatz: breite Bandnudeln oder Lasagne-Nudelplatten – solche, die vorgekocht werden müssen)
1 TL getrockneter Rosmarin
2 EL Butter

Zeit: 45 Minuten
Kalorien pro Portion: 670 kcal

1 Die Kartoffeln unter fließendem Wasser gut schrubben und dann samt Schale und Kümmel in Salzwasser in rund 20 Minuten bissfest kochen. Abgießen, heiß pellen und kalt werden lassen. Von den Lammchops Fett und Fleisch runterschneiden und getrennt würfeln. Petersilie abbrausen, trockenschütteln und die Blätter hacken. Zwiebel und Knoblauchzehe schälen und fein würfeln. Die kalten Kartoffeln vierteln und in Stücke schneiden.

2 Wer die Original-Fleckerl nicht bekommen hat, sondern auf Bandnudeln oder Lasagne-Nudelplatten zurückgreifen musste, zerbricht diese im Beutel, bis sie fleckerlähnlich sind. Die Nudeln in reichlich Salzwasser bissfest garen, wie es auf der Packung steht.

3 Derweil in einer großen Pfanne den Lammspeck ausbraten. Jetzt Zwiebel, Knoblauch und Rosmarin im Fett mitbraten. Die Kartoffeln dazugeben, einmal alles wenden und dann 5 Minuten ohne großes Gerühre braten lassen. Nun wenden und braten, bis die Kartoffeln knusprig sind.

4 Die Nudeln abgießen und gut abtropfen lassen. Die Hälfte der Kartoffeln in der Pfanne an die Seite schieben, Butter rein und darin das Lammfleisch 1 Minute braten. Nudeln und Petersilie dazu, alles mischen und auf den Tisch mit dem Grenadiermarsch.

Mighty Meatball Maccaroni

Nudeln mit Eiweiß satt

FÜR VIER BIS SECHS:
1 rote Zwiebel
2 Knoblauchzehen
1 TL getrockneter Thymian
etwa 1/8 l Olivenöl
1/8 l trockener Rotwein
1 Dose Tomaten (800 g)
300 g Räucherspeck im Stück
1 Bund glatte Petersilie
1 Scheibe Toastbrot
400 g Rinderhackfleisch
100 ml Milch
50 g geriebener Parmesan
Salz, Pfeffer aus der Mühle
ein bisschen Mehl zum Wenden
500 g Makkaroni
200 g Schafskäse

Zeit: 1 1/2 Stunden
Kalorien pro Portion: 1010 kcal (BEI SECHSEN)

1 Zwiebel und Knoblauch schälen und fein würfeln. Beides samt dem Thymian in 3 EL Olivenöl langsam glasig braten. Dann Rotwein hinein und auf die Hälfte einkochen lassen. Tomaten dazu, das Stück Speck hinein und das ganze 1 Stunde sanft köcheln lassen.

2 Das ist Zeit genug, die Meatballs zu machen: Petersilie abbrausen, trockenschütteln und die Blätter hacken. Toast zwischen den Fingern zerkrümeln. Beides mit Hackfleisch, Milch und Parmesan vermengen, dabei mit Salz und Pfeffer würzen. Mit nassen Händen daraus gut haselnussgroße Kugeln formen.

3 Vom übrigen Öl 2 EL abnehmen, den Rest in einer Pfanne erhitzen. Meatballs in ein bisschen Mehl wenden und im heißen Öl nach und nach leicht schwimmend knusprig braten, dabei öfters an der Pfanne rütteln, damit nichts anhängt. Die Meatballs auf Küchenpapier legen. Den Speck aus der Tomatensauce fischen und grob würfeln.

4 Die Makkaroni in mundgerechte Stücke brechen und in reichlich Salzwasser nach Packungsaufschrift bissfest garen. Den Schafskäse würfeln. Die Speckwürfel und die Meatballs in der Sauce erhitzen. Nudeln abgießen, mit dem vorher abgenommenen Öl und dem Schafskäse vermengen. Das auf Teller verteilen und ordentlich vom Mighty Meatball Ragout drüber schöpfen.

Nudeln mit Curry-Haschee
Für den Inder in uns

FÜR VIER BIS SECHS: 1 Bund Frühlingszwiebeln • 3 rote Chilischoten • 2 unbehandelte Zitronen • 100 g Butterschmalz • 400 g gemischtes Hackfleisch • 3 EL Currypulver • 1 l Hühnerbrühe • 1 Packung gewürfelte Tomaten (400 g) • 1 Dose Kokosmilch (400 ml) • 50 g Mango-Chutney • 4 EL Sojasauce • 500 g Spaghetti • Salz • 2 hart gekochte Eier • 1 EL gehackte Petersilie

Zeit: 1 Stunde • Kalorien pro Portion: 1035 kcal (BEI SECHSEN)

1 Zwiebeln waschen und putzen, das Grün und das Weiß getrennt in Ringe schneiden. Die Chilis entstielen, entkernen, waschen und hacken. Die Zitronen heiß waschen, von einer die Schale dünn abreiben und den Saft auspressen. Zweite Zitrone in Spalten schneiden. Das Zwiebelgrün mit zwei Drittel Chili in 60 g Schmalz andünsten. Hackfleisch mit Currry auch darin andünsten. Knapp mit Hühnerbrühe bedecken und diese einkochen lassen. Dies so lange wiederholen, bis die Brühe alle ist. Dann mit Tomaten, Kokosmilch, Chutney, Sojasauce und Zitronensaft 20 Minuten köcheln lassen.

2 Derweil weiße Zwiebelringe im übrigen Schmalz knusprig frittieren. Spaghetti in reichlich Salzwasser nach Packungsaufschrift bissfest garen. Eier pellen und würfeln. Nudeln in Schalen füllen, Haschee darüber schöpfen und dies mit Ei, Petersilie, restlicher Chili und frittierten Zwiebeln bestreuen. Mit Zitronenspalten servieren.

Eiernockerl mit Paprikahendl
Da lacht das Wiener Herz

FÜR VIER: 1 Zwiebel • 1–2 gelbe Paprikaschoten (am besten 2 kleine Spitzschoten vom Balkan, sonst 1 große) • 4 Hähnchenschenkel (in Ober- und Unterschenkel getrennt) • Salz • Pfeffer aus der Mühle • 300 g Mehl + ein bisschen mehr • 2 EL Gänse-, Schweine- oder Butterschmalz (zur Not darf's auch nicht zu geschmacksintensives Öl sein) • 1 TL Tomatenmark • 1 TL mildes Paprikapulver • 4 Eier • 1 Eigelb • 200 g Sauerrahm

Zeit: 1 1/4 Stunden • Kalorien pro Portion: 750 kcal

1 Zwiebel schälen, Paprika putzen und waschen, beides würfeln. Hähnchen salzen und pfeffern, ein bisschen einmehlen und im Topf im Schmalz anbraten. Zwiebel, Paprikaschoten, Tomatenmark und Paprikapulver dazuwerfen. Deckel drauf und 20 Minuten sanft schmurgeln lassen. Derweil das Mehl mit 1/2 TL Salz, Eiern und Eigelb verschlagen, bis ein glatter, blasiger Teig dabei herauskommt. In einem großen Topf reichlich Salzwasser aufkochen.

2 Hühnerbeine aus dem Topf fischen. Den Rest mit 150 g Sauerrahm aufkochen, mit dem Stabmixer pürieren, abschmecken. Hähnchen in die Sauce geben, warm halten. Nockerlteig durch ein Salatsieb mit großen Löchern ins kochende Wasser streichen. Schwimmt alles oben, rausfischen, abtropfen lassen und auf Teller verteilen. Paprikahendl über die Nockerl schöpfen. Übrigen Sauerrahm jeweils als Klacks drauf und servieren.

du magst Curry,

ich mag Paprika

Polenta-Nocken mit Speck und Lauch

Norditalienisch? Südtirolerisch?

FÜR VIER:
1/2 l Milch
Salz
frisch geriebene Muskatnuss
250 g Polenta-Grieß
150 g geriebener Parmesan
2 Eier
1 kleine Stange Lauch
150 g Räucherspeck in Scheiben
2 Tomaten
1 EL Butterschmalz
1 TL getrockneter Majoran
schwarzer Pfeffer aus der Mühle
200 g Sauerrahm

Zeit: 1 1/4 Stunden
Kalorien pro Portion: 785 kcal

1 Die Milch mit 1/2 l Wasser und 1/2 TL Salz sowie reichlich Muskat aufkochen. Polenta-Grieß reinrieseln lassen und alles in 15 Minuten zu einem dicken Brei kochen, dabei immer rühren (Achtung, kann spritzen!). Jetzt 100 g Parmesan reinrühren und ein Ei nach dem anderen drunter arbeiten. Abkühlen lassen.

2 Derweil im größten Topf des Hauses reichlich Salzwasser aufkochen lassen. Lauch putzen, längs halbieren, gut waschen und quer in 1 cm breite Streifen schneiden. Speck genauso in Streifen schneiden. Tomaten waschen, unten einritzen und 10 Sekunden ins Kochwasser tauchen, dann ins eiskalte Wasser werfen. Die Haut abziehen und die Tomaten würfeln.

3 Nun den Speck in einer heißen Pfanne im Butterschmalz ausbraten und rausnehmen. Lauch und Majoran reingeben und 1 Minute dünsten, dann die Tomaten plus ordentlich Pfeffer dazu und 15 Minuten schmurgeln lassen.

4 Vom Polenta-Teig mit einem nassen Teelöffel großzügig Nocken abstechen und diese mit nassen Händen noch ein bisschen schöner, glatter und gleichmäßiger formen. Die Nocken kommen jetzt ins sprudelnde Kochwasser, wo sie nach 2–3 Minuten nach oben steigen. Rausfischen und gleich auf warme tiefe Teller verteilen. Den Sauerrahm ins Ragout rühren, den Speck dazu und das über die Polenta-Nocken geben. Übrigen Parmesan drauf und auf den Tisch damit.

Tarhonya mit Debrecziner

Säääähr ungarisch

FÜR VIER:
200 g Mehl
1 Ei
Salz
6–8 EL Öl (was gerade da ist)
2 Möhren
200 g grüne Bohnen
2 Knoblauchzehen
1 Zwiebel
4–6 Debrecziner oder andere nicht zu dicke weiche Rohwürstchen nach Salami-Art
1 TL scharfes Paprikapulver
1 Dose gewürfelte Tomaten (400 g)
650 ml Gemüsebrühe
Pfeffer aus der Mühle
etwas Zucker

Zeit: 45 Minuten + 45 Minuten Tiefkühlen + einige Tage bis 1 Woche Trocknenlassen + 30 Minuten Garen
Kalorien pro Portion: 970 kcal

1 Ungarische Tarhonya sind geriebene, getrocknete Nudelteigstückchen, die ähnlich wie Reis gekocht werden können. Für den Teig müssen Mehl, Ei, 1/2 TL Salz und 2–4 EL Öl so glatt wie möglich miteinander verknetet werden, so dass ein recht fester Klumpen entsteht. Den in Folie wickeln und 45 Minuten tiefkühlen. Dann auf der gröbsten und stabilsten Reibe reiben. Tarhonya einige Tage bis 1 Woche im warmen Raum auf einem Blech trocknen lassen, dabei eventuell mit einem Küchentuch abdecken.

2 Dann die Möhren schälen, längs vierteln und in 2–3 cm lange Stücke schneiden. Die Bohnen waschen, Enden kappen und den Rest in passende Stücke schneiden. Knoblauch und Zwiebel schälen und fein würfeln.

3 Im Topf die Würstchen in 2 EL heißem Öl rundum anbraten. Rausnehmen und im verbleibenden Fett Zwiebel und Knoblauch andünsten. Möhren und Bohnen samt Paprikapulver kurz mitdünsten, dann kommen die Tomaten und 100 ml Brühe dazu. Ragout mit Salz, Pfeffer und Zucker würzen und 20 Minuten leise köcheln lassen.

4 Derweil die Tarhonya nicht vergessen: Sie werden im übrigen Öl angeschwitzt, darauf kommen dann die restliche Brühe und der Deckel. 15 Minuten köcheln lassen, Hitze ausschalten und nochmal 15 Minuten auf der Platte quellen lassen (oder im knapp 100 °C heißen Ofen (Mitte!), den dann rechtzeitig vorheizen). Debrecziner in große Stücke schneiden, im Ragout 5 Minuten erwärmen, aber nicht kochen lassen. Mit den Tarhonya servieren.

Zitronenhühnernudelsuppe
Greece meets East

FÜR VIER: 2 Hähnchenbrustfilets ohne Haut • 1 unbehandelte Zitrone • 1 Eiweiß • 2 TL Speisestärke • Salz • 300 g Kürbisfleisch (ersatzweise Zucchini) • 1 Hand voll Kopfsalatblätter • 250 g breite Bandnudeln (z. B. Tagliatelle oder Fettuccine) • 1 1/2 l Geflügelfond (aus dem Glas) • 1 EL Öl (was gerade da ist, aber nicht zu geschmacksintensiv) • 2 EL Worcestersauce • 1 TL Honig • 1 EL Weinbrand

Zeit: 45 Minuten • Kalorien pro Portion: 515 kcal

1 Hähnchenfilet in dünne Streifen schneiden. Zitrone heiß waschen und die Schale abreiben, Saft auspressen. Eiweiß leicht mit Stärke, 1/2 TL Salz und Zitronenschale verschlagen, das Fleisch darin 20 Minuten marinieren.

2 Derweil Kürbisfleisch in dünne Scheiben schneiden. Salat waschen, trockenschleudern und zerpflücken. Die Nudeln so in reichlich Salzwasser garen, wie es auf der Packung steht, und abgießen. Geflügelfond aufkochen.

3 In Wok oder Pfanne das Öl erhitzen. Die Hähnchenstreifen und den Kürbis darin 1–2 Minuten wok- bzw. pfannenrühren. Jetzt den Salat kurz reingerührt, dann Worcestersauce, Honig und Weinbrand mit 1 Prise Salz dazu. Zum Schluss die Nudeln untermischen, mit Zitronensaft abschmecken und alles in den Geflügelfond kippen. Suppe auf Teller oder Schalen verteilen.

China Ramen
East meets east

FÜR SECHS: 600 g Schweinenacken • 1/4 TL Fünfgewürz-Pulver* • 1 haselnussgroßes Stück frischer Ingwer • 2 Knoblauchzehen • 1/8 l japanische Sojasauce* • 1/8 l Reiswein* oder trockener Sherry • 2 EL Öl (was gerade da ist, aber nicht zu geschmacksintensiv • 2 Frühlingszwiebeln • 1 1/2 l Geflügelfond (aus dem Glas) • 500 g Ramen-Nudeln* oder chinesische Eiernudeln* • 1 Hand voll Sojasprossen

Zeit: 20 Minuten + 1 1/2–2 Stunden Schmoren • Kalorien pro Portion: 515 kcal

1 Schweinenacken mit Küchengarn umwickeln und fest binden, dann mit Fünfgewürz einreiben. Ingwer und Knoblauch schälen, in dünne Scheiben schneiden und mit Sojasauce, Reiswein oder Sherry und 1/8 l Wasser aufkochen. Das Fleisch in einem zweiten, gerade so passenden Topf rundherum im heißen Öl anbraten. Sojasud darüber gießen, Deckel drauf und das Fleisch bei ganz, ganz kleiner Hitze in 1–1 1/2 Stunden weich schmoren, dabei öfters wenden. Derweil Frühlingszwiebeln waschen, putzen und in Ringe schneiden.

2 Fleisch in Folie wickeln, Sud aufheben. Fond aufkochen, Nudeln darin nach Packungsaufschrift garen. Fleisch auswickeln und in dünne Scheiben schneiden. Nudeln abgießen, Fond auffangen, Nudeln auf Schalen verteilen, je 1 EL Sud darüber geben und mit Fond übergießen. Sprossen, Zwiebelringe und Fleisch darauf verteilen.

(*) Gibt es alles im Asienladen oder im Orientshop.

heute hauen wir

in die Suppe

Galizische Nudelsuppe

Gazpachos wärmendes Gegenstück

FÜR SECHS:
1 Staude Stangensellerie mit Grün
1 kleine Zwiebel
1 Knoblauchzehe
2 TL getrockneter Oregano
8 EL Olivenöl
1 Dose Bohnensuppe (400 g)
Salz, Pfeffer aus der Mühle
250 g Spiralnudeln
2 spanische Chorizo-Würste oder andere pikante Rohwürste
1 TL scharfes Paprikapulver

Zeit: 45 Minuten
Kalorien pro Portion: 470 kcal

1 Den Sellerie waschen und putzen, dabei das Grün abschneiden, grob hacken und beiseite legen. Die Selleriestangen in etwa 1–2 cm große Stücke schneiden. Zwiebel und Knoblauch schälen. Die Zwiebel grob hacken, den Knoblauch vierteln.

2 In einem großen Topf Selleriestücke, Zwiebel und Knoblauch mit dem Oregano in 4 EL Öl langsam andünsten. 1 1/2 l Wasser samt Bohnensuppe dazukippen und aufkochen. Salzen und pfeffern. Nudeln und Selleriegrün dazugeben und alles 10 Minuten kochen lassen – die Nudeln können ruhig etwas weich werden.

3 Derweil die Würste in nicht zu dicke Scheiben schneiden und in den letzten 5 Minuten mitköcheln lassen. Die Suppe auf Schalen verteilen, mit übrigem Olivenöl beträufeln und mit Paprikapulver bestreuen.

Beef Noodle Salad

Muss ja nicht immer Wurst und Erbse sein

FÜR VIER:
1 Zwiebel
2 Frühlingszwiebeln
2 Bund Basilikum
250 g Glasnudeln
2 dicke Rump- oder Filetsteaks (je 250 g schwer)
Salz, Pfeffer aus der Mühle
1 EL Öl (was gerade da ist)
50 ml Rinderbrühe
2 EL Fischsauce (aus dem Asienladen)
3 EL Zitronensaft
1 EL Zucker
1 TL rote Currypaste (aus dem Asienladen)
1 grüner säuerlicher Apfel (z. B. Granny Smith)

Zeit: 45 Minuten
Kalorien pro Portion: 330 kcal

1 Die Zwiebel schälen, vierteln und in Streifen schneiden. Frühlingszwiebeln waschen, putzen und in Ringe schneiden. Die Basilikumblätter von den Zweigen zupfen. Glasnudeln so garen, wie es auf der Packung steht, abgießen, kalt abbrausen und in Stücke schneiden (geht gut mit der Küchenschere).

2 Die Steaks mit Salz und Pfeffer würzen und im heißen Öl auf jeder Seite 1 Minute anbraten, so dass sie innen noch roh sind. Aus der Pfanne nehmen und abkühlen lassen. Bratensatz mit Brühe, Fischsauce, Zitronensaft und Zucker einmal aufkochen lassen. Die Currypaste darin verrühren.

3 Jetzt die Steaks in dünne Scheiben schneiden, dann schnell noch den Apfel waschen, vierteln, entkernen und in dünne Spalten schneiden. Nun alles zusammen mit der warmen Marinade vermengen und auf Tellern verteilen.

Mach die Nudel

Nudeln richtig von Hand

400 g Mehl auf der Arbeitsfläche zum Haufen sieben, eine Mulde reindrücken. 4 zimmerwarme Eier reinschlagen (eins je 100 g Mehl), 1 EL Öl (nicht zu geschmacksintensiv) reingeben und mit dem Finger 1 TL Salz reinquirlen. Jetzt langsam nach und nach mit dem Mehl verkneten, bis der Teig krümelig ist.

Nun kräftig durchkneten, mindestens 10 Minuten lang – am Ende sollte der Teig fast faltenlos glänzen, ohne zu spiegeln, zu kleben oder zu krümeln. Nun dritteln und jedes Teil nochmal kräftig kneten. Tuch drumherum und 45 Minuten rumliegen lassen.

Mehl auf die Arbeitsfläche streuen, Nudelroller (ideal sind lange Rundhölzer ohne extra Rolle, nicht dicker als 5 cm) einmehlen, Teig ganz dünn ausrollen (fast durchsichtig). Mit Mehl bestäuben und zuschneiden, wie man's braucht.

Ein bisschen was von Fertigprodukten haben gekaufte Nudeln ja schon. Aber man muss gar kein Fastfoodfeind sein, damit einem Nudeln nicht in die Tüte kommen. Es reicht schon, einfach was richtig Gutes zu wollen. Das sind gut gemachte Eiernudeln auf jeden Fall. Dabei sind sie zwar nicht ganz so schwierig in der Zubereitung wie hausgemachte Hartweizennudeln (werden nur ganz selten besser als die von den Fachleuten), aber ihre Zeit brauchen sie schon. Also was für Genießer. **Sämtliche Rezepte ergeben 500 g fertige Nudeln.**

Frische Nudeln können gleich in Salzwasser gekocht werden, was 1–2 Minuten dauert. Doch 30 Minuten Trocknen unter vorheriger Mehlbestäubung gibt ihnen noch etwas Reife. Das kann auf Blech, Gitter oder hängend überm Besenstiel passieren. Solche Nudeln brauchen 2–3 Minuten zum Garen.

Nudeln mit Farbe

Wer vor dem Verkneten der Zutaten die Eier trennt, die Eigelbe mit dem Salz mischt und ein paar Stunden zugedeckt kühlt, bringt mehr Gelb in den Teig.

150 g sehr fein pürierten Spinat statt 2 von 4 Eiern machen die fertige 500-g-Portion Teig richtig grün.

Und rot wird es mit plus 50 g Tomatenmark minus 1 Ei im Nudelteig.

Nudeln mit Maschinen

400 g Mehl, 4 Eier, 1 EL Öl (nicht zu geschmacksintensiv) und 1 TL Salz in einer Schüssel lose zum Teig verkneten. Wenn man eine Küchenmaschine mit Nudel- oder Brotteigknethaken hat, macht die das.

Dann ist die Nudelmaschine (eine mit Stahlglanz und Handkurbel, keine 100 Mark teuer) dran. Hier wird der Teig Portion für Portion durch die auf volle Weite gestellten Walzen gelassen, bis er glatt ist. (Bis hierher kann das alles auch noch von Hand passieren.)

Jetzt den Teig teilen und jedes Teil durch die nach und nach näher zusammenrückenden Walzen lassen. So kommt am Ende ein langes und dünnes Stück Nudelteig heraus, das bemehlt und je nach Gebrauch zugeschnitten wird. Dabei die anderen Teigstücke in Tüchern halten, damit sie nicht austrocknen.

Nudeln gefüllt

Für selbst gemachte Nudeltaschen ist selbst gemachter Eiernudelteig ein Muss. Wie die gute Fülle in ihn kommt, dafür gibt's ein paar Methoden.

Nach der ökonomischen kommen auf eine Teigplatte im Abstand Häufchen mit Füllung, die Zwischenräume werden mit Eigelb, Eiklar oder Wasser bestrichen. Eine zweite Nudelplatte aufs Holz rollen und über der ersten wieder ausrollen. Zwischenräume festdrücken und die Taschen mit Teigrad oder Messer schneiden.

Oder: Aus den Teigplatten Quadrate schneiden oder Kreise ausstechen, in die Mitte etwas Füllung geben, Ränder wie oben beschrieben bestreichen. Die Quadrate diagonal zu Dreiecken falten, die Kreise zu Halbmonden. Ränder festdrücken, wobei eine Gabel hübsch helfen kann.

Nudeln zuschneiden

Aus dem Nudelteig werden gut Bandnudeln.

Simpel: bemehlte Teigplatte lose einrollen und diese Rolle mit dem Messer in Scheiben schneiden, die wieder zu Nudeln entrollt werden.

Normal: die Teigplatte mit Messer oder Teigrad in lange Streifen von linguinedünn bis papardellebreit schneiden. Für Lasagneblätter reichen nur ein paar Schnitte, für Fleckerl braucht's lauter Längs- und Querschnitte. Oder der Teig wird einfach zerrupft.

Banal: die Teigplatte mit den Spezialrollen der Maschine schneiden.

Register von a–z

Die Basic family wächst...

ISBN 3-7742-2005-0

ISBN 3-7742-1642-8

ISBN 3-7742-1142-6

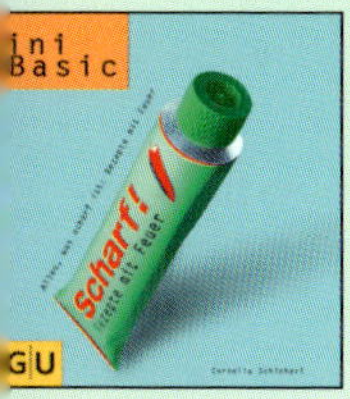

SBN 3-7742-2202-9

ISBN 3-7742-2198-7

ISBN 3-7742-2200-2

ISBN 3-7742-2716-0

ISBN 3-7742-2715-2

ISBN 3-7742-2713-6

Impressum

Der Autor: **Sebastian Dickhaut** (dickhaut@zip.com.au).
Koch, Foodjournalist und Basic-Kochbuchautor. Seit Ende 1998 lebt und arbeitet er in Sydney, wo er seine junge Familie tagtäglich mit blitzschnell variierten Lieblingsrezepten überrascht – im Moment ist die Nudel der absolut unumstrittene Star in seiner Experimentier-Küche.

Der Fotograf: **Alexander Walter**

Die Gestalter: **Sybille Engels und Thomas Jankovic**

Die Models: **Daniel Griehl, Verena Scheibe, Jan Schmedes**

Bildnachweis

Alexander Walter: Food-, People- und Produktfotos
StockFood:
Susie Eising, Titel-Nudel;
Karl Newedel, S. 6;
Walter Pfisterer, S. 8 (Bandnudel);
Viennaslide/Ellert, S. 8 (Farfalle);
Luzia Ellert, S. 8 (Fusilli);
Ulrike Köb, S. 9 (Spiralnudel + Penne);
Innerhofer Photodes., S. 9 (Suppennudeln);
S. & P. Eising, S. 10 (chinesische Eiernudeln + Glasnudeln), S. 11 (Japanische Weizennudeln)
Studio und Archiv für Foodfotografie Teubner:
S. 10 (chinesische Weizennudeln), S. 11 (Reisnudeln + Risoni)

Konzept & Redaktion: Sabine Sälzer
Lektorat, Satz und DTP: Christina Kempe
Korrekturlesen: Susanne Elbert
Gestaltung und Layout: Sybille Engels und Thomas Jankovic
Fotos: Alexander Walter
Fotoassistenz: Florian Peljak
Requisite, Styling, Food: Christa Schmedes
Herstellung: Renate Hutt
Repro: W & Co. Media Services, München
Printed in Italy

ISBN: 3-7742-2715-2

Auflage	4.	3.	2.	1.
Jahr	2004	2003	2002	2001

Das Original mit Garantie

Ihre Meinung ist uns wichtig. Deshalb möchten wir Ihre Kritik, gerne aber auch Ihr Lob erfahren, um als führender Ratgeberverlag für Sie noch besser zu werden. Darum: Schreiben Sie uns! Wir freuen uns auf Ihre Post und wünschen Ihnen viel Spaß mit Ihrem GU-Ratgeber.

Unsere Garantie: Sollte ein GU-Ratgeber einmal einen Fehler enthalten, schicken Sie uns bitte das Buch mit einem kleinen Hinweis und der Quittung innerhalb von sechs Monaten nach dem Kauf zurück. Wir tauschen Ihnen den GU-Ratgeber gegen einen anderen zum gleichen oder ähnlichen Thema um.

Ihr Gräfe und Unzer Verlag
Redaktion Kochen
Postfach 86 03 25
81630 München
Fax: 089/41981-113
e-mail: leserservice@graefe-und-unzer.de